Der Anti-Stress-Trainer
für Selbstständige

Marcel Schettler

Der Anti-Stress-Trainer für Selbstständige

Typische Stressfaktoren erkennen und richtig reagieren

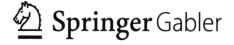

Springer Gabler

Marcel Schettler
Wuppertal, Deutschland

ISBN 978-3-658-17067-7 ISBN 978-3-658-17068-4 (eBook)
DOI 10.1007/978-3-658-17068-4

Die Deutsche Nationalbibliothek verzeichnet diese Publikation in der Deutschen Nationalbibliografie; detaillierte bibliografische Daten sind im Internet über http://dnb.d-nb.de abrufbar.

Springer Gabler
© Springer Fachmedien Wiesbaden GmbH 2017

Lektorat: Annika Hoischen

Gedruckt auf säurefreiem und chlorfrei gebleichtem Papier

Springer Gabler ist Teil von Springer Nature
Die eingetragene Gesellschaft ist Springer Fachmedien Wiesbaden GmbH
Die Anschrift der Gesellschaft ist: Abraham-Lincoln-Str. 46, 65189 Wiesbaden, Germany

Geleitwort

Wenn man über 35 Jahre befreundet ist, privat und geschäftlich einiges zusammen umgesetzt und erlebt hat und Marcel Schettler als Mensch und Unternehmer kennt, dann erscheint ein Buch von ihm, das sich mit Stressfaktoren bei Selbstständigen beschäftigt für mich erst mal etwas abwegig. War es nicht Marcel, der sich als umtriebiger Macher weder von falschen Entscheidungen noch von Rückschlägen entmutigen ließ? Ist es nicht Marcel, in dessen Unternehmen Stress geradezu die Voraussetzung für eine erfolgreiche Entwicklung ist? Und ist es nicht Marcel, der trotz seinem Pensum als Unternehmer immer wieder die Zeit findet, sich der Familie und seinen verschiedenen Hobbys zu widmen?

Wenn man das alles berücksichtigt, kann man auch die Frage stellen, ob Stress nicht gerade die Voraussetzung ist, um Erfolg zu haben, etwas in Bewegung zu setzen, etwas zu erreichen? Es geht also wohl eher um die Frage, wie man mit Stress umgeht. Wie man auf Stress reagiert. Und wie man positiven Stress nutzt und negativen Stress vermeidet.

Und da kommt dem Werk „Der Anti-Stress-Trainer für Selbstständige" eine besondere Bedeutung zu. Anhand praktischer Beispiele schildern Selbstständige wie sie auf Stress reagieren, was bei ihnen Stress auslöst und wie sie damit umgehen.

Daraus kann man lernen!
Erfahrungen austauschen, Erkenntnisse nutzen um dann den eigenen Weg zu gehen, Stress als Bereicherung zu erkennen und positiv zu nutzen. Marcel Schettler hat das als Unternehmer immer wieder vorgemacht.

Er hat gezeigt, wie man Stress in positive Energie umwandelt um Erfolg zu haben und wie man an Erfahrungen wächst und Herausforderungen nutzt, um mit neuen Erfahrungen weiter zu kommen.

Das stressigste Projekt ist das Leben im Allgemeinen. Speziell wenn man Ansprüche an die eigene Arbeit stellt und Verantwortung übernimmt. Negativer Stress wird ausgelöst, wenn wir zu hohe Erwartungen haben, die nicht eingelöst werden. Positiver Stress dagegen treibt uns zu Höchstleistungen und belohnt uns mit Erfolgserlebnissen. Als Anti-Stress-Tipps gelten somit immer noch das Vertrauen in die eigene Leistung und der Spaß an Herausforderungen.

Wie das funktioniert hat Marcel Schettler uns seit Jahrzehnten vorgemacht …

Er weiß also wovon er redet und kann mit seinem Buch „Der Anti-Stress-Trainer für Selbstständige" einen Beitrag leisten, Barrieren abzubauen und das Selbstbewusstsein zu stärken.

Viel Spaß beim Lesen,

Colja M. Dams
CEO VOK DAMS Gruppe, Wuppertal

Vorwort

Liebe Leser,

es gibt bereits sicherlich tausende Bücher zum Thema Stress, Stressbewältigung, Resilienz oder Burn-out-Vorbeugung. Und damit meine ich nur deutsche Bücher … Hinzu kommen regelmäßig unzählige Newsletter, E-Books, Whitepaper oder auch Hörbücher von Coaches, Trainern und Therapeuten, die ihren Input zu dem Thema in der Regel kostenlos oder gegen Hinterlassen einer E-Mail-Adresse herausgeben. Es vergeht auch kein Monat, in dem nicht irgendeine Zeitschrift oder Fernsehsendung das Thema als Aufmacher hat. Auch diverse Seminaranbieter versprechen Lösungen und hilfreiche Tipps zur Vermeidung oder dem Abbau von Stress und dem Finden der richtigen „Work-Life-Balance". Hier kann man wählen zwischen Onlinekursen über Wochen oder sogar

Monate bis hin zu Präsenzseminaren für einzelne Tage oder Wochenenden.

Das Thema Stress ist in unserer Gesellschaft also allgegenwärtig und es ist klar, dass dieser in der heutigen schnellen und komplexen Berufswelt, aber auch im privaten familiären Bereich, eher zu- als abnimmt und damit der Auslöser vieler psychischer Erkrankungen ist.

Nun also noch ein Buch – ein „Anti-Stress-Trainer", und nur für Selbstständige – warum?

Wie eingangs erwähnt, ist zu dem Thema Stressbewältigung schon viel geschrieben worden. Da wird eine ausgewogene Ernährung empfohlen, regelmäßiger Sport oder zumindest Bewegung, Übungen in Meditation und Achtsamkeit, ausreichend Schlaf usw.

Alles sicher gut und richtig und vor allem „branchenübergreifend". Für fast alle Leser sind Tipps, Übungen und Impulse dabei, ganz gleich welchem Beruf sie nachgehen.

Ich wollte gerne ein etwas anderes Buch schreiben und das Thema Stress aus einem anderen, nicht so häufig gewählten, Blickwinkel betrachten. Welche Faktoren oder Einflüsse führen insbesondere bei Selbstständigen, Unternehmern oder Gründern zu Stress? Woher kommen diese, wie kann man diesen begegnen und mit diesen umgehen? Wie kann man sie idealerweise sogar vermeiden oder zumindest reduzieren?

In meiner nun über 25-Jährigen Tätigkeit als Unternehmer habe ich selber so ziemlich alle Höhen und Tiefen einer Selbstständigkeit miterlebt oder erlebe sie auch heute noch. Ich habe verschiedene Unternehmen gegründet, teils alleine, teils mit Partnern. Einige haben funktioniert, einige sind gescheitert, einige waren schon zu Ende bevor sie richtig angefangen haben …

Seit 15 Jahren führe ich nun mit zwei Partnern das Unternehmen „Guest-One GmbH", welches mit 25 Mitarbeitern Registrierungs-Software für die Eventbranche entwickelt. Wir sind damit einer größten und ältesten Anbieter für dieses spezielle Segment in Deutschland. Das Unternehmen ist wirtschaftlich erfolgreich und ich könnte eigentlich glücklich und zufrieden sein. Aber auch mein persönlicher Stresslevel nimmt Jahr für Jahr zu, obwohl wir drei Partner sind und eine Menge Mitarbeiter beschäftigen. Das liegt an der Eventbranche an sich, an permanentem Termin- und Kostendruck, das liegt an der Verantwortung für die vielen Mitarbeiter und deren Führung und Organisation und das liegt leider auch an wiederkehrenden Konflikten im Partnerkreis, hervorgerufen durch unterschiedliche Vorstellungen über die Führung und strategische Ausrichtung des Unternehmens. Zudem sind wir nach wie vor sehr viel in das Tagesgeschäft eingebunden, sodass ein kontinuierliches Arbeiten „am" Unternehmen statt „im" Unternehmen oft sehr schwierig ist.

Seit einigen Jahren bin ich nun auch noch parallel als Business- und Unternehmer-Coach tätig und berate und begleite andere Unternehmer aus den unterschiedlichsten Branchen und den verschiedensten Unternehmensgrößen. In den vielen Gesprächen und Coachings zeigt sich immer wieder – die Themen, die Probleme, der Stress oder das, was bei Unternehmern Stress auslöst, sind bei fast allen die gleichen.

„Als Chef bist Du so einsam wie Gott", sagt Bernd Stromberg in der gleichnamigen Fernsehserie. Und das stimmt – viele Selbstständige sind mit Ihren Sorgen und Nöten und mit ihrem Stress alleine und auf sich gestellt. Darunter leiden sehr viele, auch wenn Sie nach außen oft ein Bild des starken Machers abgeben (möchten oder müssen).

Aber auch viele Gründer leiden unter Stress. Zunächst einmal <u>vor</u> der Gründung, wo man sich mit ganz vielen organisatorischen, bürokratischen, rechtlichen und finanziellen Fragestellungen und Vorgaben beschäftigen muss. Zudem muss man von Beginn an mit jeder Menge Unwägbarkeiten und nicht planbaren Herausforderungen zurechtkommen. Nicht jeder kann damit gleich gut umgehen und insbesondere als Solo-Gründer fällt es oft schwer, nicht den Überblick zu verlieren, sich selbst zu motivieren und konsequent auf seinem Weg zu bleiben.

Auch nach der Gründung selbst, bleibt der Stresslevel vielfach sehr hoch. Die erste Euphorie legt sich, die zur Eröffnung geschenkten Blumen verwelken langsam. Jetzt steht das Tagesgeschäft an, jetzt zeigt sich ob all die Planungen und Annahmen richtig waren. Jetzt müssen die Zahlen stimmen, Kredite und laufende Kosten bedient werden. Viele Gründer stellen erst jetzt so richtig fest, auf was sie sich da eingelassen haben und mit welchen Dingen sie sich neben dem Tagesgeschäft noch so alles beschäftigen müssen. Vertrieb, Akquise, Marketing, Steuern – all das muss irgendwie geschafft werden … Ich habe die häufigsten Stressfaktoren aus meiner eigenen unternehmerischen Erfahrung und aus meinen Gesprächen und Coachings mit anderen Unternehmen und Gründern in dieses Buch einfließen lassen. Diese sind weder vollständig noch in irgendeiner Weise wissenschaftlich belegt oder belegbar. Sie unterliegen auch keiner Gewichtung, jeder erlebt sie anders oder in unterschiedlichen Intensitäten. Sie spiegeln meine Erfahrung, meine Meinung und meine Sicht auf die Dinge wider.

Im zweiten Teil des Buches lasse ich jedoch auch verschiedene Unternehmer selbst zu Wort kommen. Ich wollte von einigen ausgewählten Selbstständigen wissen:

* Was war Euer stressigstes Projekt oder Erlebnis als Unternehmer?
* Welche Themen lösen bei Euch auch heute immer wieder Stress aus?
* Was ist Euer ganz persönlicher „Anti-Stress-Tipp" für Selbstständige?

Ich freue mich, dass viele Unternehmer zugestimmt haben, ihre sehr persönlichen Erfahrungen mit Ihnen in diesem Buch zu teilen. Ein kleines Porträt rundet die jeweiligen Ausführungen ab. Die Bandbreite der Befragten reicht hier vom Solo-Unternehmer bis hin zum Agentur-Inhaber mit über 200 Mitarbeitern weltweit.

Ich würde mich freuen, wenn Sie von all dem etwas mitnehmen können und Ihnen vielleicht der ein oder andere Impuls für Ihre Selbstständigkeit wichtig und hilfreich erscheint. Ob Sie nun schon gegründet haben oder dies noch vorhaben oder ob Sie schon ein „alter Hase" und langjähriger Unternehmer sind ...

Ein letzter inhaltlicher Hinweis: Ich verwende im Buch die Begriffe „Selbstständiger" und „Unternehmer" aus

Gründen der flüssigen Lesbarkeit nur in der männlichen Form, spreche aber selbstverständlich auch die Unternehmerinnen und weiblichen Selbstständigen damit an.

Wenn Sie mit mir Kontakt aufnehmen möchten, sei es für Kritik oder Lob, so können Sie dies gerne per Mail an info@schettler-coaching.de oder über meine Facebook-Seite tun. Als kleinen Bonus biete ich jedem interessierten Unternehmer bei Bezug auf dieses Buch, ein 30minütiges kostenloses Telefoncoaching zur Probe an – Termine selbstverständlich nach Absprache.

Ich wünsche Ihnen nun viel Spaß beim Lesen!

Wuppertal   Marcel Schettler
im Juni 2017

Inhaltsverzeichnis

Über den Autor

Marcel Schettler ist Unternehmer seit über 25 Jahren und arbeitet parallel als Business- und Unternehmercoach. In den ersten zehn Jahren seiner Selbstständigkeit, hat er mit verschiedenen Unternehmungen so ziemlich alle Höhen und Tiefen des Unternehmerseins durchlebt – Pleite inklusive. Seit nunmehr 15 Jahren führt er mit zwei Partnern den Event-Dienstleister Guest-One GmbH, der mit 25 Mitarbeitern heute zu den größten Anbietern für Teilnehmermanagement und

Event-Registrierungssoftware in Deutschland gehört. Als Business Coach ist er spezialisiert auf Unternehmercoaching, Beratung und Mentoring. Er ist verheiratet und lebt mit seiner Frau und zwei Kindern in Wuppertal.

1

Kleine Stresskunde: Das Adrenalinzeitalter

Peter Buchenau

Das Konzept der Reihe

Möglicherweise kennen Sie bereits meinen Anti-Stress-Trainer (Buchenau 2014). Das vorliegende Kapitel greift darauf zurück, weil das Konzept der neuen Anti-Stress-Trainer-Reihe die Tipps, Herausforderungen und Ideen aus meinem Buch mit den jeweiligen Anforderungen der unterschiedlichen Berufsgruppen verbindet. Die Autoren, die jeweils aus Ihrem Jobprofil kommen, schneiden diese Inhalte dann für Sie zu. Viel Erfolg und passen Sie auf sich auf.

Leben auf der Überholspur: Sie leben unter der Diktatur des Adrenalins. Sie suchen immer den neuen Kick, und das nicht nur im beruflichen Umfeld. Selbst in der Freizeit, die Ihnen eigentlich Ruhephasen vom Alltagsstress bringen sollte, kommen Sie nicht zur Ruhe. Mehr als 41 % aller Beschäftigten geben bereits heute an, sich in der Freizeit nicht mehr erholen zu können. Tendenz steigend. Wen wundert es?

© Springer Fachmedien Wiesbaden GmbH 2017
M. Schettler, *Der Anti-Stress-Trainer für Selbstständige*,
DOI 10.1007/978-3-658-17068-4_1

Anstatt sich mit Power-Napping (Kurzschlaf) oder Extrem-Coaching (Gemütlichmachen) in der Freizeit Ruhe und Entspannung zu gönnen, macht die Gesellschaft vermehrt Extremsportarten wie Fallschirmspringen, Paragliding, Extremclimbing oder Marathon zu ihren Hobbys. Jugendliche ergeben sich dem Komasaufen, der Einnahme von verschiedensten Partydrogen oder verunstalten ihr Äußeres massiv durch Tattoos und Piercing. Sie hasten nicht nur mehr und mehr atemlos durchs Tempoland Freizeit, sondern auch durch das Geschäftsleben. Ständige Erreichbarkeit heißt die Lebenslösung. Digitalisierung und mobile virtuelle Kommunikation über die halbe Weltkugel bestimmen das Leben. Wer heute seine E-Mails nicht überall online checken kann, wer heute nicht auf Facebook, Instagram & Co. ist, ist out oder schlimmer noch, der existiert nicht.

Klar, die Anforderungen im Beruf werden immer komplexer. Die Zeit überholt uns, engt uns ein, bestimmt unseren Tagesablauf. Viel Arbeit, ein Meeting jagt das nächste, und ständig klingelt das Smartphone. Multitasking ist angesagt, und wir wollen so viele Tätigkeiten wie möglich gleichzeitig erledigen.

Schauen Sie sich doch mal in Ihren Meetings um. Wie viele Angestellte in Unternehmen beantworten in solchen Treffen gleichzeitig ihre E-Mails oder schreiben Whats-App-Nachrichten? Kein Wunder, dass diese Mitarbeiter dann nur die Hälfte mitbekommen und Folgemeetings notwendig sind. Ebenfalls kein Wunder, dass das Leben einem davonrennt. Aber wie sagt schon ein altes chinesisches Sprichwort: „Zeit hat nur der, der sich auch Zeit nimmt." Zudem ist es unhöflich, seinem Gesprächspartner nur halb zuzuhören.

Das Gefühl, dass sich alles zum Besseren wendet, wird sich mit dieser Einstellung nicht einstellen. Im Gegenteil: Alles wird noch rasanter und flüchtiger. Müssen Sie dafür Ihre Grundbedürfnisse vergessen? Wurden Sie mit Stress oder Burn-out geboren? Nein, sicherlich nicht. Warum müssen Sie sich dann den Stress antun?

Zum Glück gibt es dazu das Adrenalin. Das Superhormon, die Superdroge der High-Speed-Gesellschaft. Bei Chemikern und Biologen auch unter $C_9H_{13}NO_3$ bekannt. Dank Adrenalin schuften Sie wie ein Hamster im Rad. Schneller und schneller und noch schneller. Sogar die Freizeit läuft nicht ohne Adrenalin. Der Stress hat in den letzten Jahren dramatisch zugenommen und somit auch die Adrenalinausschüttung in Ihrem Körper.

Schon komisch: Da produzieren Sie massenhaft Adrenalin und können dieses so schwer erarbeitete Produkt nicht verkaufen. Ja, nicht mal verschenken können Sie es. In welcher Gesellschaft leben Sie denn überhaupt, wenn Sie für ein produziertes Produkt keine Abnehmer finden?

Deshalb die Frage aus betriebswirtschaftlicher Sicht an alle Unternehmer, Führungskräfte und Selbstständigen: Warum produziert Ihr ein Produkt, das Ihr nicht am Markt verkaufen könnt? Wärt Ihr meine Angestellten, würde ich Euch wegen Unproduktivität und Fehleinschätzung des Marktes feuern.

Stress kostet Unternehmen und Privatpersonen viel Geld. Gemäß einer Studie der Europäischen

Beobachtungsstelle für berufsbedingte Risiken (mit Sitz in Bilbao) vom 04.02.2008 leidet jeder vierte EU-Bürger unter arbeitsbedingtem Stress. Im Jahre 2005 seien 22 % der europäischen Arbeitnehmer von Stress betroffen gewesen, ermittelte die Institution. Abgesehen vom menschlichen Leid bedeutet das auch, dass die wirtschaftliche Leistungsfähigkeit der Betroffenen in erheblichem Maße beeinträchtigt ist. Das kostet Unternehmen bares Geld. Schätzungen zufolge betrugen die Kosten, die der Wirtschaft in Verbindung mit arbeitsbedingtem Stress entstehen, 2002 in den damals noch 15 EU-Ländern 20 Mrd. €. 2006 schätzte das betriebswirtschaftliche Institut der Fachhochschule Köln diese Zahl alleine in Deutschland auf 80 bis 100 Mrd. €.

60 % der Fehltage gehen inzwischen auf Stress zurück. Stress ist mittlerweile das zweithäufigste arbeitsbedingte Gesundheitsproblem. Nicht umsonst hat die Weltgesundheitsorganisation WHO Stress zur größten Gesundheitsgefahr im 21. Jahrhundert erklärt. Viele Verbände wie zum Beispiel der Deutsche Managerverband haben Stress und Burn-out auch zu zentralen Themen ihrer Verbandsarbeit erklärt.

1.1 Was sind die Ursachen?

Die häufigsten Auslöser für den Stress sind der Studie zufolge unsichere Arbeitsverhältnisse, hoher Termindruck, unflexible und lange Arbeitszeiten, Mobbing und nicht zuletzt die Unvereinbarkeit von Beruf und Familie. Neue

Technologien, Materialien und Arbeitsprozesse bringen der Studie zufolge ebenfalls Risiken mit sich.

Meist Arbeitnehmer, die sich nicht angemessen wertgeschätzt fühlen und auch oft unter- beziehungsweise überfordert sind, leiden unter Dauerstress. Sie haben ein doppelt so hohes Risiko, an einem Herzinfarkt oder einer Depression zu erkranken. Anerkennung und die Perspektive, sich in einem sicheren Arbeitsverhältnis weiterentwickeln zu können, sind in diesem Umfeld viel wichtiger als nur eine angemessene Entlohnung. Diesen Wunsch vermisst man meist in öffentlichen Verwaltungen, in Behörden sowie Großkonzernen. Gewalt und Mobbing sind oft die Folge.

Gerade in Zeiten von Wirtschaftskrisen bauen Unternehmen und Verwaltungen immer mehr Personal ab. Hetze und Mehrarbeit aufgrund von Arbeitsverdichtung sind die Folge. Zieht die Wirtschaft wieder an, werden viele offene Stellen nicht mehr neu besetzt. Das Ergebnis: Viele Arbeitnehmer leisten massive Überstunden. 59 % haben Angst um ihren Job oder ihre Position im Unternehmen, wenn sie diese Mehrarbeit nicht erbringen, so die Studie.

Weiter ist bekannt, dass Druck (also Stress) Gegendruck erzeugt. Druck und Mehrarbeit über einen langen Zeitraum führen somit zu einer Produktivitäts-Senkung. Gemäß einer Schätzung des Kölner Angstforschers Wilfried Panse leisten Mitarbeiter schon lange vor einem Zusammenbruch 20 bis 40 % weniger als gesunde Mitarbeiter.

Wenn Vorgesetzte in diesen Zeiten zudem Ziele schwach oder ungenau formulieren und gleichzeitig Druck ausüben, erhöhen sich die stressbedingten Ausfallzeiten, die dann von den etwas stressresistenteren Mitarbeitern aufgefangen werden müssen. Eine Spirale, die sich immer tiefer in den Abgrund bewegt.

Im Gesundheitsbericht der Deutschen Angestellten Krankenkasse (DAK) steigt die Zahl der psychischen Erkrankungen massiv an und jeder zehnte Fehltag geht auf das Konto stressbedingter Krankheiten. Gemäß einer Studie des DGB bezweifeln 30 % der Beschäftigten, ihr Rentenalter im Beruf zu erreichen. Frühverrentung ist die Folge. Haben Sie sich mal für Ihr Unternehmen gefragt, wie viel Geld Sie in Ihrem Unternehmen für durch Stress verursachte Ausfallzeiten bezahlen? Oder auf den einzelnen Menschen bezogen: Wie viel Geld zahlen Sie für Ihre Krankenversicherung und welche Gegenleistung bekommen Sie von der Krankenkasse dafür?

Vielleicht sollten die Krankenkassen verstärkt in die Vermeidung Stress verursachender Aufgaben und Tätigkeiten investieren anstatt Milliarden unüberlegt in die Behandlung von gestressten oder bereits von Burn-out betroffenen Menschen zu stecken. In meiner Managerausbildung lernte ich bereits vor 20 Jahren: „Du musst das Problem an der Wurzel anpacken." Vorbeugen ist immer noch besser als reparieren.

Beispiel: Bereits 2005 erhielt die London Underground den Unum Provident Healthy Workplaces Award (frei übersetzt: den Unternehmens-Gesundheitsschutz-Präventionspreis) der britischen Regierung. Alle 13.000 Mitarbeiter der London Underground wurden ab 2003 einem Stress-Regulierungsprogramm unterzogen. Die Organisation wurde angepasst, die Vorgesetzten auf Früherkennung und

Stress reduzierende Arbeitstechniken ausgebildet, und alle Mitarbeiter wurden über die Gefahren von Stress und Burn-out aufgeklärt. Das Ergebnis war verblüffend. Die Ausgaben, bedingt durch Fehlzeiten der Arbeitnehmer, reduzierten sich um 455.000 britische Pfund, was einem Return on Invest von 1:8 entspricht. Mit anderen Worten: Für jedes eingesetzte britische Pfund fließen acht Pfund wieder zurück ins Unternehmen. Eine erhöhte Produktivität des einzelnen Mitarbeiters war die Folge. Ebenso verbesserte sich die gesamte Firmenkultur. Die Mitarbeiter erlebten einen positiven Wechsel in Gesundheit und Lifestyle.

Wann hören Sie auf, Geld aus dem Fenster zu werfen? Unternehmer, Führungskräfte, Personalverantwortliche und Selbstständige müssen sich deshalb immer wieder die Frage stellen, wie Stress im Unternehmen verhindert oder gemindert werden kann, um Kosten zu sparen und um somit die Produktivität und Effektivität zu steigern. Doch anstatt in Stresspräventionstrainings zu investieren, stehen landläufig weiterhin die Verkaufs- und Kommunikationsfähigkeiten des Personals im Fokus. Dabei zahlt sich, wie diese Beispiele beweisen, Stressprävention schnell und nachhaltig aus: Michael Kastner, Leiter des Instituts für Arbeitspsychologie und Arbeitsmedizin in Herdecke, beziffert die Rentabilität: „Eine Investition von einem Euro in eine moderne Gesundheitsförderung zahlt sich nach drei Jahren mit mindestens 1,8 Euro aus."

1.2   Überlastet oder gar schon gestresst?

Modewort Stress … Der Satz „Ich bin im Stress" ist anscheinend zum Statussymbol geworden, denn wer so viel zu tun hat, dass er gestresst ist, scheint eine gefragte und wichtige Persönlichkeit zu sein. Stars, Manager, Politiker gehen hier mit schlechtem Beispiel voran und brüsten sich in der Öffentlichkeit damit, „gestresst zu sein". Stress scheint daher beliebt zu sein und ist immer eine willkommene Ausrede.

Es gehört zum guten Ton, keine Zeit zu haben, sonst könnte ja Ihr Gegenüber meinen, Sie täten nichts, seien faul, hätten wahrscheinlich keine Arbeit oder seien ein Versager. Überprüfen Sie mal bei sich selbst oder in Ihrem unmittelbaren Freundeskreis die Wortwahl: Die Mutter hat Stress mit ihrer Tochter, die Nachbarn haben Stress wegen der neuen Garage, der Vater hat Stress, weil er die Winterreifen wechseln muss, der Arbeitsweg ist stressig, weil so viel Verkehr ist, der Sohn kann nicht zum Sport, weil die Hausaufgaben ihn stressen, der neue Hund stresst, weil die Tochter, für die der Hund bestimmt war, Stress mit ihrer besten Freundin hat – und dadurch keine Zeit.

Ich bin gespannt, wie viele banale Erlebnisse Sie in Ihrer Familie und in Ihrem Freundeskreis entdecken.

Gewöhnen sich Körper und Geist an diese Bagatellen, besteht die Gefahr, dass wirkliche Stress- und Burn-out-Signale nicht mehr erkannt werden. Die Gefahr, in die Stress-Spirale zu geraten, steigt. Eine Studie des Schweizer Staatssekretariats für Wirtschaft aus dem Jahr 2000 untermauerte dies bereits damit, dass sich 82 % der Befragten gestresst fühlen, aber 70 % ihren Stress im Griff haben. Entschuldigen Sie meine provokante Aussage: Dann haben Sie keinen Stress.

Überlastung … Es gibt viele Situationen von Überlastung. In der Medizin, Technik, Psyche, Sport et cetera hören und sehen wir jeden Tag Überlastungen. Es kann ein Boot sein, welches zu schwer beladen ist. Ebenso aber auch, dass jemand im Moment zu viel Arbeit, zu viele Aufgaben, zu viele Sorgen hat oder dass ein System oder ein Organ zu sehr beansprucht ist und nicht mehr richtig funktioniert. Beispiel kann das Internet, das Stromnetz oder das Telefonnetz sein, aber auch der Kreislauf oder das Herz.

Die Fachliteratur drückt es als „momentan über dem Limit" oder „kurzzeitig mehr als erlaubt" aus. Wichtig ist hier das Wörtchen „momentan". Jeder von uns Menschen ist so gebaut, dass er kurzzeitig über seine Grenzen hinausgehen kann. Jeder von Ihnen kennt das Gefühl, etwas Besonders geleistet zu haben. Sie fühlen sich wohl dabei und sind meist hinterher stolz auf das Geleistete. Sehen Sie Licht am Horizont und sind Sie sich bewusst, welche Tätigkeit Sie ausführen und zudem, wie lange Sie an einer Aufgabe zu arbeiten haben, dann spricht die Stressforschung von Überlastung und nicht von Stress. Also dann, wenn der Vorgang, die Tätigkeit oder die Aufgabe für Sie absehbar und kalkulierbar ist. Dieser Vorgang ist aber von Mensch zu Mensch unterschiedlich. Zum Beispiel fühlt sich ein Marathonläufer nach 20 km überhaupt nicht überlastet, aber der übergewichtige Mensch, der Schwierigkeiten hat, zwei Stockwerke hochzusteigen, mit

Sicherheit. Für ihn ist es keine Überlastung mehr, für ihn ist es Stress.

1.3   Alles Stress oder was?

Stress ... Es gibt unzählige Definitionen von Stress und leider ist eine Eindeutigkeit oder eine Norm bis heute nicht gegeben. Stress ist individuell, unberechenbar, nicht greifbar. Es gibt kein Allheilmittel dagegen, da jeder Mensch Stress anders empfindet und somit auch die Vorbeuge- und Behandlungsmaßnahmen unterschiedlich sind.

Nachfolgende fünf Definitionen bezüglich Stress sind richtungsweisend:

„Stress ist ein Zustand der Alarmbereitschaft des Organismus, der sich auf eine erhöhte Leistungsbereitschaft einstellt" (Hans Seyle, 1936; ein ungarisch-kanadischer Zoologe, gilt als der Vater der Stressforschung).

„Stress ist eine Belastung, Störung und Gefährdung des Organismus, die bei zu hoher Intensität eine Überforderung der psychischen und/oder physischen Anpassungskapazität zur Folge hat" (Fredrik Fester, 1976).

„Stress gibt es nur, wenn Sie ‚Ja' sagen und ‚Nein' meinen" (Reinhard Sprenger, 2000).

„Stress wird verursacht, wenn du ‚hier' bist, aber ‚dort' sein willst, wenn du in der Gegenwart bist, aber in der Zukunft sein willst" (Eckhard Tolle, 2002).

„Stress ist heute die allgemeine Bezeichnung für körperliche und seelische Reaktionen auf äußere oder innere Reize, die wir Menschen als anregend oder belastend empfinden. Stress ist das Bestreben des Körpers, nach einem irritierenden Reiz so schnell wie möglich wieder ins Gleichgewicht zu kommen" (Schweizer Institut für Stressforschung, 2005).

Bei allen fünf Definitionen gilt es zu unterscheiden zwischen negativem Stress – ausgelöst durch im Geiste unmöglich zu lösende Situationen – und positivem Stress, welcher in Situationen entsteht, die subjektiv als lösbar wahrgenommen werden. Sobald Sie begreifen, dass Sie selbst über das Empfinden von freudvollem Stress (Eu-Stress) und leidvollem Stress (Di-Stress) entscheiden, haben Sie Handlungsspielraum.

Bei **positivem Stress** wird eine schwierige Situation als positive Herausforderung gesehen, die es zu bewältigen gilt und die Sie sogar genießen können. Beim positiven Stress sind Sie hoch motiviert und konzentriert. Stress ist hier die Triebkraft zum Erfolg.

Bei **negativem Stress** befinden Sie sich in einer schwierigen Situation, die Sie noch mehr als völlig überfordert. Sie fühlen sich der Situation ausgeliefert, sind hilflos, und es werden keine Handlungsmöglichkeiten oder Wege aus der Situation gesehen. Langfristig macht dieser negative Stress krank und endet oft im Burn-out.

1.4 Burn-out – Die letzte Stressstufe

Burn-out … Als letzte Stufe des Stresses tritt das sogenannte Burn-out auf. Nun hilft keine Medizin und Prävention mehr; jetzt muss eine langfristige Auszeit unter professioneller Begleitung her. Ohne fremde Hilfe können Sie der Burn-out-Spirale nicht entkommen. Die

Wiedereingliederung eines Burn-out-Klienten zurück in die Arbeitswelt ist sehr aufwendig. Meist gelingt das erst nach einem Jahr Auszeit, oft auch gar nicht.

Nach einer Studie der Freiburger Unternehmensgruppe Saaman aus dem Jahr 2007 haben 45 % von 10.000 befragten Managern Burn-out- Symptome. Die gebräuchlichste Definition von Burn-out stammt von Maslach & Jackson aus dem Jahr 1986: „Burnout ist ein Syndrom der emotionalen Erschöpfung, der Depersonalisation und der reduzierten persönlichen Leistung, das bei Individuen auftreten kann, die auf irgendeine Art mit Leuten arbeiten oder von Leuten beeinflusst werden."

Burn-out entsteht nicht in Tagen oder Wochen. Burn-out entwickelt sich über Monate bis hin zu mehreren Jahren, stufenweise und fortlaufend mit physischen, emotionalen und mentalen Erschöpfungen. Dabei kann es immer wieder zu zwischenzeitlicher Besserung und Erholung kommen. Der fließende Übergang von der normalen Erschöpfung über den Stress zu den ersten Stadien des Burn-outs wird oft nicht erkannt, sondern als „normale" Entwicklung akzeptiert. Reagiert der Betroffene in diesem Zustand nicht auf die Signale, die sein Körper ihm permanent mitteilt und ändert der Klient seine inneren oder äußeren Einfluss- und Stressfaktoren nicht, besteht die Gefahr einer sehr ernsten Erkrankung. Diese Signale können dauerhafte Niedergeschlagenheit, Ermüdung, Lustlosigkeit, aber auch Verspannungen und Kopfschmerzen sein. Es kommt zu einer kreisförmigen, gegenseitigen Verstärkung der einzelnen Komponenten. Unterschiedliche Forschergruppen haben auf der Grundlage von Beobachtungen den Verlauf in typische Stufen unterteilt.

Wollen Sie sich das alles antun?

Leider ist Burn-out in den meisten Firmen ein Tabuthema – die Dunkelziffer ist groß. Betroffene Arbeitnehmer und Führungskräfte schieben oft andere Begründungen für ihren Ausfall vor – aus Angst vor negativen Folgen, wie zum Beispiel dem Verlust des Arbeitsplatzes. Es muss ein Umdenken stattfinden!

Wen kann es treffen? Theoretisch sind alle Menschen gefährdet, die nicht auf die Signale des Körpers achten. Vorwiegend trifft es einsatzbereite und engagierte Mitarbeiter, Führungskräfte und Selbstständige. Oft werden diese auch von Vorgesetzten geschätzt, von Kollegen bewundert, vielleicht auch beneidet. Solche Menschen sagen auch nie „nein"; deshalb wachsen die Aufgaben, und es stapeln sich die Arbeiten. Dazu kommt oft, dass sich Partner, Freunde und Kinder über zu wenig Zeit und Aufmerksamkeit beklagen. Wie Sie „Nein" sagen erlernen, erfahren Sie später.

Aus eigener Erfahrung kann ich sagen, dass der Weg zum Burn-out anfänglich mit kleinsten Hinweisen gepflastert ist, kaum merkbar, unauffällig, vernachlässigbar. Es bedarf einer hohen Achtsamkeit, um diese Signale des Körpers und der realisierenden Umwelt zu erkennen. Kleinigkeiten werden vergessen und vereinbarte Termine werden immer weniger eingehalten. Hobbys und Sport werden – wie bei mir geschehen – erheblich vernachlässigt. Auch mein Körper meldete sich Ende der neunziger Jahre mit leisen Botschaften: Schweißausbrüche, Herzrhythmusstörungen, schwerfällige Atmung und unruhiger Schlaf waren die Symptome, die anfänglich nicht von mir beachtet wurden.

Abschlusswort

Eigentlich ist Burn-out- oder Stressprävention für Selbstständige ganz einfach. Tipps gibt es überall und Zeit dazu auch. Sie, ja Sie, Sie müssen es einfach nur tun. Viel Spaß und Unterhaltung beim nun folgenden Beitrag von Marcel Schettler.

Literatur

Buchenau P (2014) Der Anti-Stress-Trainer. Springer, Wiesbaden

2

10 Faktoren, die Selbstständige in Stress bringen – und wie man mit Ihnen umgehen kann

2.1 Stressfaktor Nr. 1 – Nicht enden wollende Überlegungs- und Planungsphasen

© Springer Fachmedien Wiesbaden GmbH 2017
M. Schettler, *Der Anti-Stress-Trainer für Selbstständige,*
DOI 10.1007/978-3-658-17068-4_2

Der erste Stressfaktor, welchem ich mich widmen möchte, begegnet mir sehr häufig bei Gründern oder Menschen, die gerne ein Unternehmen gründen möchten. Aber auch gestandene Unternehmer, insbesondere wenn Sie als Einzelunternehmer unterwegs sind, sind häufig anfällig für diesen Aspekt. In der Beratung und im Coaching erlebe ich immer wieder, dass viele Menschen direkt zu Beginn ihres Vorhabens in Stress geraten, da sie in ihrer Planung und ihren Überlegungen hängen bleiben wie in einer Endlosschleife.

Es soll nämlich der perfekte Plan für das berufliche oder unternehmerische Vorhaben entworfen werden, der dann als wichtiger „Sicherheits-Baustein" angesehen wird.

Die Überzeugung lautet: Ein perfekter Plan ist schon der halbe Gewinn

Selbstverständlich ist eine Zielplanung wichtig und natürlich sollten Sie sich auch über eventuelle Hürden und Schwierigkeiten Ihres unternehmerischen Vorhabens Gedanken machen. Die Planungsphase führt jedoch geradewegs in die Stressfalle, wenn sich die „To-do-Listen" häufen, ständig neue Pläne entworfen oder bestehende erweitert oder verändert werden und besonders immer dann neue Fragen auftauchen, sobald man sich vorgenommen hat, jetzt endlich ins Handeln zu kommen.

Plötzlich fällt einem ein, man müsse erst noch eine Fortbildung absolvieren, ein letztes wichtiges Seminar besuchen, noch schnell ein ganz neues Fachbuch lesen oder unbedingt noch die Meinung von Herrn X oder Frau Y einholen. Man möchte an alles denken, bloß nichts übersehen oder vergessen, damit das Vorhaben ganz sicher gelingt.

Der Haken an der Sache ist: Es wird so akribisch geplant, dass der nächste Schritt stets in schier unendliche Ferne rückt. Da der Plan scheinbar nie fertig wird und sich immer wieder neue Fragen auf tun, die beantwortet werden müssten, sind am Ende Frust, Zweifel und Verunsicherung und damit absoluter Stress vorprogrammiert.

Falls Sie auch zu langen Denk- und Planungsphasen neigen, möchten Sie wahrscheinlich jedes Restrisiko vermeiden. Ohne Mut zum Risiko bleibt jedoch jedes Ziel lediglich eine Idee im Kopf.

Sie können das Risiko zwar minimieren, bekommen es aber nie auf „Null"

Sie können beispielsweise nicht vorhersehen, wie sich Ihre Geschäftspartner oder Ihre zukünftigen Kunden verhalten. Es stellt sich erfahrungsgemäß erst im echten Betrieb heraus, ob diese so reagieren und ansprechen, wie Sie es sich ausgemalt haben, ob das Preismodell das richtige ist oder der Vertriebskanal. Häufig ist das nicht der Fall und der Plan, das Timing, die Leistung muss angepasst oder verändert werden.

Ganz viele bekannte Start-ups haben z. B. ihr Geschäftsmodell in den ersten 3–4 Jahren vollständig verändert, teils weil die ursprüngliche Idee nicht marktfähig war oder die Rahmenbedingungen schlicht falsch eingeschätzt wurden. Teils aber auch, weil die Nutzer sich anders als geplant verhalten haben. Bevor z. B. Instagram zu der heute so beliebten Foto- und Videosharing-Plattform wurde, startete der Anbieter unter dem Namen Burbn als Check-In-Plattform mit Gaming-Elementen. Als Kevin Systrom, der Co-Founder von Instagram, erkannte, dass die User Burbn hauptsächlich wegen der Foto-Posting-Funktion nutzten, richtete er das Unternehmen neu aus und legte damit den Grundstein für Instagrams heutige Erfolgsstory.

Auch das ganz „normale" Leben hält gerade für Selbstständige gerne eine Reihe von außerplanmäßigen Herausforderungen und Stressfaktoren bereit. Ob die dreiwöchige Baustelle vor dem neuen Ladenlokal pünktlich zur Eröffnung, der vermeintlich günstige Internetprovider, der es leider doch nicht rechtzeitig mit dem Telefon- und Internetanschluss zur Büroeinweihung schafft oder die seit Wochen zugesagte aber immer noch fehlende Genehmigung für irgendwas, die auf wundersame Weise zum dritten Mal in der Post verloren gegangen ist.

Auf alle diese Dinge muss dann schnell und flexibel reagiert werden und als Selbstständiger haben Sie es praktisch jeden Tag mit unzähligen solcher kleinen oder größeren, nicht planbaren Herausforderungen zu tun. Weil das so ist, ist meine persönliche Erfahrung:

60 bis 70 % Planungsreife reichen für den Start!
Wenn Sie diesen Stand haben, dann legen Sie los, werden Sie mit Ihrer Idee oder Ihrem Angebot sichtbar, gehen Sie an den Markt und sammeln Sie unschätzbar wichtige, praktische Erfahrungen „in der echten Welt".

Sie werden an vielen Stellen wieder und wieder nachbessern. Sie werden todsicher geglaubte und geplante Dinge neu bewerten und sich umentscheiden. Sie werden Kritik aushalten müssen, aber auch positives Feedback erhalten. Sie werden verzweifeln, aber auch erste Erfolgserlebnisse haben. An all diesen Dingen werden Sie wachsen und sich weiterentwickeln. Auch das ist selbstverständlich stressig, aber im positiven Sinne!

Positiver Stress macht glücklich!
Im Gegensatz zu dem in der langen Planungsphase oft als negativ empfundenen Stress (Distress) sorgt der positive Stress (Eustress) in der aktiven Handlungsphase für Motivation, macht produktiv und glücklich. Dieses Gefühl stellt sich beispielsweise ein, wenn man ein Problem gelöst oder eine Aufgabe erfolgreich abgeschlossen hat. Eustress ist die anregende und leistungsfördernde Variante, die mit guten Erfahrungen und damit auch einer Steigerung des Selbstwertgefühls verknüpft ist.

> **Fazit**
>
> Es gibt keinen finalen und sicheren Plan! Starten Sie Ihr Vorhaben oder treffen Sie Ihre Entscheidungen bei 60 oder 70 % Planungsreife. Tauschen Sie den negativen Stress aus endlosen Planungen und Überlegungen gegen positiven Stress aus den ersten Erfolgen Ihrer umgesetzten Ideen und Projekte.

2.2 Stressfaktor Nr. 2 – Die Angst oder die mangelnde Fähigkeit zu delegieren

Welcher Selbstständige kennt das aus seinem Tagesgeschäft nicht – immer länger werdende „To-do-Listen", unzählige offene Baustellen, Dinge und Anrufe, die noch erledigt werden müssen, Entscheidungen, die getroffen werden müssen …

Deadlines, die immer näher rücken, machen dabei irgendwann jede Aufgabe gleich wichtig.

Am Wochen- oder Tagesanfang ist man oft noch guter Dinge, versucht die Aufgaben zu priorisieren, abzuarbeiten und alle offenen Enden im Blick zu halten. Häufig ist es aber so, dass jede erledigte Aufgabe zehn neue Aufgaben nach sich zieht. Am Abend ist der Schreibtisch dann noch voller als am Morgen. Irgendwann ist dann zwangsläufig Schluss – Kapitulation vor dem nicht mehr überblickbaren und beherrschbaren Berg an Arbeit – Stress pur!

Eine typische Reaktion vieler Selbstständiger: Die Arbeit wird mit nach Hause genommen oder es wird versucht am Wochenende Liegengebliebenes aufzuholen. Arbeit und Privates verschmelzen und lassen sich irgendwann kaum noch trennen. Der berufliche Stress erstreckt sich somit über kurz oder lang auch auf das Privatleben – da Abschalten kaum noch möglich ist, ist der Familienfrieden stark gefährdet!

Selbstständig = selbst und ständig!?

Natürlich gibt es eine ganze Reihe von Gründen, warum gerade Selbstständige meinen, alles selbst machen zu müssen und sich so schwer tun, Dinge abzugeben bzw. zu delegieren. Da spielen z. B. finanzielle Aspekte eine Rolle („Das Geld habe ich jetzt gerade nicht ..."), falscher Ehrgeiz („Das muss ich als Chef doch selbst können ..."), mangelndes Vertrauen („Das kriegen die anderen sowieso nicht so hin wie ich ...") oder auch Angst („Was, wenn jemand anderes die Aufgabe besser löst als ich ...?")

Am Ende verzettelt man sich, versucht sich in Mikromanagement und verliert die wirklich wichtigen Ziele aus dem Blick. Weiterer unangenehmer Nebeneffekt: Oft ist das mühsam selbstständig erbrachte „Endprodukt" nur von durchschnittlicher Qualität.

Diese Erfahrung durfte ich früher übrigens auch selbst einige Male machen.

Ein Beispiel

Für die Inhalte meiner neuen Coaching-Webseite habe ich begonnen, die Texte selbst zu schreiben. Um mich von anderen Coaches abzuheben, wollte ich unbedingt ganz reduzierte und komprimierte Texte haben. Die Kunst des Weglassens oder des Verdichtens ist jedoch enorm schwierig. Da ich schon immer gerne geschrieben habe, hatte ich aber klar den Anspruch, das alles selbst zu können. Ich hatte auch eine grobe Struktur und viele Ideen dazu im Kopf.

Woche um Woche ging dann ins Land. Entwürfe, für die ich manchmal ein ganzes Wochenende gebraucht habe, wurden wieder verworfen, andere x-fach überarbeitet, liegen gelassen, wieder überarbeitet und am Ende auch verworfen.

Die Programmierung kam derweil nicht voran, weil die Inhalte fehlten. Ergebnis nach gut drei Monaten: totaler Frust, keine brauchbaren Texte, keine Webseite. Ich habe dann alles komplett gelöscht und mir eine professionelle Texterin gesucht. In einem persönlichen rund einstündigen Briefing-Gespräch haben wir meine Anforderungen, Wünsche und Ideen besprochen. Nur eine Woche später hatte ich einen fertigen Entwurf, der nur noch eine minimale Korrekturschleife benötigte.

Klar – das hat mich einige hundert Euro gekostet, hätte ich es aber gleich so gemacht wäre mir viel Frust, Ärger und Stress erspart geblieben, ich wäre drei Monate früher online gewesen und hätte die freie Zeit mit anderen Aufgaben (z. B. dem Schreiben von langen Blog-Artikeln oder Büchern) sinnvoller nutzen können.

Innere Überzeugungen und Glaubenssätze

Aber noch ein anderer Grund kann Menschen daran hindern, Aufgaben zu delegieren, nämlich ihre inneren Überzeugungen und die Frage: „Wer darf ich eigentlich sein und wer nicht?"

Überzeugungen werden häufig von früheren Respektpersonen übernommen. Vielleicht gibt es in Ihrer Familie festverankerte Glaubenssätze über Unternehmer, Gründer, Hausfrauen, Mütter, Väter oder andere Personengruppen?

Manchmal sind Menschen davon überzeugt: Wer delegiert zeigt, dass er schwach ist.

Gerade als Unternehmer oder Führungskraft muss man alles können und alles schaffen – so oder ähnlich könnte der innere Glaubenssatz lauten.

Auch oft angeführt: Als Selbstständiger ist es doch normal, selbst und ständig zu arbeiten.

Mit solchen Überzeugungen ist vor allem eins ganz sicher: Sie laufen zielstrebig in eine Phase der totalen Überforderung!

Wenn Sie fest davon überzeugt sind, dass Sie mit dem Delegieren von Aufgaben Schwäche zeigen: Schauen Sie sich Biografien erfolgreicher Menschen an. Diese haben gelernt zu delegieren und akzeptiert, dass sie in manchen Bereichen ersetzbar sind. Sie haben gelernt, ihre Aufmerksamkeit auf ihre Stärken zu richten. Die schwächeren Bereiche geben Sie an die Personen ab, die über die für diese Aufgaben notwendigen Stärken und Kompetenzen verfügen.

Von der „To-do-Liste" zur Delegationsliste
Nehmen Sie die Herausforderung an und machen Sie aus Ihren „To-do-Listen" sogenannte Delegationslisten. Welche Aufgaben können delegiert werden und welche Aufgaben müssen Sie selbst erledigen? Anschließend nehmen Sie sich die Liste der delegierbaren Aufgaben vor und erstellen eine detaillierte Liste (Tab. 2.1):

Tab. 2.1 Liste der delegierbaren Aufgaben

Was ist die Aufgabe?	Welche Voraussetzungen muss die Person für die Aufgabe mitbringen?	Geeignete Person oder externes Fach- Unternehmen	Stichwortartige Erklärung der Aufgabe	Zeitrahmen der Aufgabe, Termin der Fertigstellung

Ich verwende solche Listen gerne auch in meinen Coachings und Beratungen, die ich mit Unternehmern oder Führungskräften durchführe. Der häufigste Einwand, den ich hierzu höre ist:

„Bis ich das alles gemacht und organisiert habe, habe ich es schneller selbst erledigt!"

Das ist ein großer Trugschluss. Ja, es stimmt: Eine solche Liste samt Beschreibung der Aufgaben kostet zwar erst einmal Zeit und Arbeit. Sie werden damit am Ende aber mehr Sicherheit erhalten, dass die Aufgaben in Ihrem Sinne korrekt erledigt werden. Es ist die Vorbereitung für eine Entlastung, denn dadurch wird Ihre eigene „To-do-Liste" kürzer und Sie können Ihren Fokus wieder auf Ihre Kernkompetenzen richten.

Was Sie dazu lernen müssen ist, die zu erledigenden Aufgaben anders zu betrachten. Nicht unter dem Aspekt „Wie hätte ich es gemacht?", sondern unter dem Gesichtspunkt „Was muss ich organisieren, damit die Aufgaben mit dem von mir erwarteten Ergebnis – oder sogar besser – gelöst werden können?"

Für das Delegieren sollten Sie sich etwas Zeit nehmen und der entsprechenden Person klare Angaben zur

Aufgabe, zum Zeitrahmen und zum Ziel geben. Werden Aufgaben an Mitarbeiter delegiert, planen Sie dazu regelmäßige Status- und Feedbackgespräche ein.

Sobald Sie lernen zu delegieren:

- werden Sie weniger Stress haben
- werden Sie mehr Zeit für Ihre Kernaufgaben haben
- wird die Einhaltung von Deadlines nicht mehr gefährdet sein
- kann effizienter gearbeitet werden
- werden Aufgaben schneller erledigt
- und falls Sie kein Solo-Unternehmer sind, fördern Sie gleichzeitig die Kompetenzen und Stärken Ihrer Mitarbeiter.

Fazit

Dinge abgeben ist kein Zeichen von Schwäche, sondern von Stärke! Sie kommen nicht nur schneller und stressfreier zum Ziel, oft wird das Ergebnis auch ein besseres sein, als wenn Sie alles selbst erledigt hätten. Wenn Sie Mitarbeiter beschäftigen, wachsen diese an den Ihnen übertragenen Aufgaben und sind zusätzlich motivierter, als wenn Sie ihnen als Chef das Gefühl geben, nur Sie selbst können alles am besten erledigen.

2.3 Stressfaktor Nr. 3 – Angst vor Fehlern und falschen Entscheidungen

Wer Entscheidungen treffen kann (und das ist eine Grundvoraussetzung für Selbstständige), besitzt auch den Mut Fehler zu machen. Vielen fällt es jedoch schwer, Entscheidungen zu treffen, weil sie Angst vor Fehlern und den möglichen Konsequenzen haben.

So werden Entscheidungen oft hinausgezögert und sich zu viele Gedanken über das Für und Wider gemacht. Oder es werden zig Leute um Rat gefragt, doch wer viele Menschen um Rat fragt, bekommt viele, verschiedene Antworten und Ratschläge. Dies führt in der Regel zu erheblichem Stress, da man noch unschlüssiger wird und irgendwann gar nicht mehr weiß, wie man sich entscheiden soll.

Wir verbinden vermeintlich falsche Entscheidungen mit Scheitern

Beispiel

Ich möchte Ihnen ein Beispiel eines Klienten geben, der sich seit geraumer Zeit gerne selbstständig machen möchte. Die Geschäftsidee steht, Räumlichkeiten und Startkapital sind vorhanden und sogar die Lebensgefährtin würde das Vorhaben unterstützen. Trotzdem geht es seit Monaten keinen Schritt voran und das, obwohl zunächst nur eine Nebentätigkeit parallel zu dem normalen Job geplant ist.

Warum ist das so? Mein Klient beschäftigt sich seit Monaten mit der Frage „Was wäre, wenn ...?" und zwar in beide Richtungen. „Was wäre, wenn mein Vorhaben erfolgreich wird?", wird genauso durchgespielt wie „Was, wenn das alles nicht klappt ...?". Soweit erst mal nicht schlimm und durchaus normal. Schließlich sollte man nicht völlig planlos und blauäugig agieren.

Nun geht es bei ihm jedoch noch ein paar Schritte weiter – er versucht auch die nächsten und übernächsten Optionen in Betracht zu ziehen. „Was, wenn das total erfolgreich wird und ich das nicht mehr nebenbei machen kann?", „Was, wenn ich dann ein größeres Lager benötige oder Mitarbeiter einstellen muss, oder wenn ich dann vielleicht irgendwann mehr Kapital benötige ...?"

Die Umkehrung geht dann so: „Was, wenn das alles nicht klappt?", „Wohin dann mit der Ware, was denken dann die anderen Leute und wie melde ich eigentlich ein Gewerbe ab und was ist dann mit dem Finanzamt ...?"

Alle diese Gedankenspiele erzeugen bei ihm Stress, da sie sich nicht vollständig auflösen oder beantworten lassen. Sie hindern ihn letztlich daran, überhaupt den ersten Schritt zu machen. Mit jeder Fragestellung wird sein

Projekt gefühlt noch größer, schwieriger und letztlich undurchführbar, weil so viele Parameter noch unklar oder nicht planbar sind – Sie erkennen sicherlich einige Parallelen zu Stressfaktor Nr. 1 (Abschn. 2.1), der endlosen Planungsphase.

Warum tun sich Menschen so schwer damit, Entscheidungen zu treffen?
Wie oben schon zitiert, verbinden wir vermeintlich falsch getroffene Entscheidungen mit Scheitern oder einer Niederlage. Das liegt auch daran, dass wir uns häufig davon abhängig machen, was andere Menschen von uns denken und versuchen unser Leben daran auszurichten, es anderen Menschen recht zu machen oder anderen zu gefallen.

Zwei weitere Gründe höre ich regelmäßig in meinen Coachings:

* Menschen glauben immerzu, noch nicht alle Grundlagen oder Informationen zur Entscheidungsfindung beisammen oder berücksichtigt zu haben.
* Menschen vergessen häufig, dass einmal getroffene Entscheidungen nicht für die Ewigkeit Bestand haben müssen, sondern durchaus auch wieder rückgängig gemacht oder neu bewertet und auch wieder anders entschieden werden können.

Insbesondere der letzte Punkt ist mir ein sehr wichtiger und ich wünsche Ihnen, dass Sie sich diesen Punkt zu eigen machen können. Überdenken Sie Ihre eigene Haltung zum Thema „Fehler" und Sie werden Ihren Stress an dieser Stelle deutlich reduzieren können.

Eine Entscheidung ist solange richtig, bis Sie revidiert wird
Eine Entscheidung zu treffen bedeutet nicht, an dieser Entscheidung ewig festhalten zu müssen! Manches muss einfach versucht werden, denn nur dann kann festgestellt werden, ob es die richtige Entscheidung war. Und wenn es nun doch eine fehlerhafte Entscheidung war?

Verändern Sie Ihren Blickwinkel – Fehler sind eine Art Feedback. Sie sind eine Rückmeldung für verbesserungswürdige Situationen, Zustände oder auch Arbeitsprozesse im Berufsleben. Eine „falsche Entscheidung" ist nicht unbedingt falsch, denn oftmals benötigt man die gemachten Erfahrungen für die Weiterentwicklung der eigenen Persönlichkeit oder des Business. Möchte man unbedingt Fehler vermeiden, zwingt man sich damit (unbewusst) zur Handlungsunfähigkeit.

Beobachten Sie einmal kleine Kinder, denn sie gehen noch ganz entspannt mit Fehlern um. Es mag sein, dass ein Kind wütend seine Bauklötze in die Ecke wirft, weil der gebaute Turm immer wieder zusammenfällt. Das Kind wird aber nicht aufhören Türme zu bauen, sondern immer wieder ausprobieren, wie der Turm eine bessere Stabilität erhält. Die zuvor gemachten Fehler beim Bauen zeigen dem Kind lediglich, dass es die Bausteine auf eine andere Weise miteinander verbinden muss, wenn der Turm stehen bleiben soll.

Dank dieses Feedbacks auf „Fehler" – also auf ungünstig getroffene Entscheidungen – lernt das Kind ein lösungsorientiertes Denken und Handeln. Erinnern Sie sich an die Zeit, als Sie Radfahren lernten. Wie oft sind Sie hingefallen, weil Sie Fehler beim Halten des Gleichgewichts machten? Und wie oft sind Sie erneut aufgestiegen, um wieder in die Pedale zu treten, weil Sie unbedingt Fahrradfahren lernen wollten?

So minimieren Sie Ihre Angst vor möglichen Fehlern
Manchmal sind Ängste so groß, dass sie kaum überwunden werden können. Mit den folgenden Tipps können Sie die Angst vor möglichen Fehlern und den damit verbundenen Stress minimieren:

Achten Sie bewusst auf Ihr Bauchgefühl und Ihre Intuition. Was fühlt sich im ersten Moment richtig an? Versuchen Sie bewusst Ihren Verstand auszuschalten, denn er ist es, der Ihnen immer wieder große „Denk-Stolpersteine" in den Weg rollt und Sie vom Handeln abhält.

Wie fühlt es sich an, wenn Sie an Ihr Vorhaben denken? Malen Sie sich gedanklich aus, wie es sein wird, wenn Sie Ihr Ziel erreicht haben. Spüren Sie so etwas wie Vorfreude oder ein Kribbeln im Bauch? Oder fühlen Sie eher ein Magendrücken?

Erstellen Sie eine einfache Pro- und Contra-Liste. Schreiben Sie auf, welche Vorteile und welche Nachteile Sie in Ihrem Vorhaben sehen. Diese Liste sollte nun kein Jahreswerk werden, denn sonst würden Sie für die nächste Blockade sorgen. Notieren Sie spontan die Vor- und Nachteile, die Ihnen sofort einfallen. Hinterfragen Sie Ihre Notizen und überlegen Sie, ob die Vorteile und Nachteile Ihren eigenen Überzeugungen entspringen, oder ob diese Ansichten unbewusst ohne Hinterfragung übernommen wurden.

Falls Sie Rat oder Feedback brauchen, wenden Sie sich an einen Menschen, der schon dort ist, wo Sie noch hinkommen möchten. Er ist bereits einen ähnlichen Weg gegangen und wird Ihnen wertvolle Tipps geben können. Fragen Sie jemanden, der Ahnung vom Thema hat und verzichten Sie darauf, zig Leute nach deren Meinung über Ihr Ziel zu fragen.

Jemand, der sein ganzes Berufsleben in einem Beamten- oder Angestelltenverhältnis verbracht hat, wird Ihnen kaum einen wertvollen Rat über ein Leben als Unternehmer geben können. (Zum Thema „Wahl der richtigen Gesprächspartner" finden Sie einen eigenen Beitrag in diesem Buch).

Fazit

Vermeintliche Fehler waren zunächst einmal ungünstig getroffene Entscheidungen, auf Basis der Informationen die Sie zum Zeitpunkt, als Sie sie getroffen haben, eben hatten. Sie können und dürfen sie revidieren und sie müssen Ihnen keine Angst machen. Und was andere Leute über Sie denken, ist nicht Ihr Problem ...

2.4 Stressfaktor Nr. 4 – Nicht loslassen können

Dieser Stressfaktor schließt sich eigentlich nahtlos an den vorherigen Punkt „Angst vor Fehlern und falschen Entscheidungen" (Abschn. 2.3) an.

Kennen Sie das auch aus Ihrem unternehmerischen Alltag? Sie haben in eine Idee, ein Projekt oder eine Unternehmung bereits eine Menge Zeit, Energie und/oder Geld investiert, sind dem Ziel aber entweder nicht wirklich spürbar näher gekommen, oder haben irgendwann festgestellt, dass sich der eingeschlagene Weg oder das Investment schlicht und einfach als falsch erwiesen hat?

Das bisher eingesetzte „Kapital" hält sie aber davon ab, einen Schlussstrich zu ziehen oder Ihr Engagement neu zu überdenken. Stattdessen versuchen Sie an den verschiedenen Stellen „herumzudoktern", um irgendwie doch noch zum gewünschten Ergebnis zu kommen. Es ist ja schon so viel Geld, Zeit, Liebe und Arbeit in das Projekt oder die Idee geflossen, dass man nun unmöglich abbrechen kann … und außerdem – was sollen denn „die anderen Leute dann von mir denken?"

„Stress comes from knowing what is right and doing what is wrong"

Der Schweizer Autor Rolf Dobelli nennt das in seinem Buch „Die Kunst des klaren Denkens – 52 Denkfehler die Sie besser anderen überlassen" (2014) die „Sunk Cost Fallacy". Seine These: Das bereits investierte Kapital (egal ob Zeit oder Geld) darf bei rationalen Entscheidungen keine Rolle spielen. Das Geld, die Energie, ist ohnehin weg, egal ob sich das Projekt nun gut oder schlecht entwickelt. Treibt man aber Dinge weiter, die sich im Verlauf als falsch entpuppt haben, gehen nur noch mehr Ressourcen ins Land, die an anderer Stelle fehlen.

Das dennoch viele Menschen so lange am einmal eingeschlagenen Weg festhalten, führt er auf die Tatsache zurück, das Menschen gerne konsistent und somit glaubwürdig erscheinen möchten. Wird ein Projekt mittendrin abgebrochen, kommt dieses einem Widerspruch gleich – dem Eingeständnis früher anders und möglicherweise falsch gedacht zu haben. So werden oft auch unsinnige Projekte bis zum bitteren Ende weitergetrieben!

Für Sie als Selbstständiger kann diese Haltung aus zweierlei Gründen ein erheblicher Stressfaktor sein. Zum einen ist Ihre Zeit knapp und wertvoll und Sie müssen sich auf das Wesentliche und Ihre Kernkompetenzen konzentrieren. Schlecht laufenden Projekten, von denen Sie unterschwellig irgendwann merken, dass sie nicht zum Erfolg führen, weitere Energie zu widmen, kostet Sie Zeit und Kraft, die an anderer Stelle fehlt.

Das Thema kreist bis zu einer endgültigen Entscheidung immer in Ihrem Kopf und Sie sind innerlich zerrissen zwischen Aufgaben und Weitermachen. Sich da auf seine Kernaufgaben zu konzentrieren, ist ungemein schwer.

Zum anderen können ein zu langes Festhalten und ein stetiges Investment in die falsche Idee auch in einem finanziellen Desaster enden. Ich gebe Ihnen gerne ein persönliches Beispiel:

In den ersten 9 Jahren meiner Selbstständigkeit war ich im Groß- und Einzelhandel unterwegs. 1994 startete ich in einem kleinen Ladenlokal den Verkauf von Autozubehör mit dem Schwerpunkt auf Tuningteilen – damals wurden Autos noch tiefergelegt und Geld für laute Auspuffanlagen ausgegeben. Über die Jahre habe ich das Angebot nach und nach erweitert – Mobilfunk und Car-Hifi kamen hinzu und neben den Tuningteilen verkaufte ich auch zunehmend Verschleißteile und Inspektionsmaterial.

Eine kleine Garagen-Werkstatt wurde neben dem Geschäft errichtet und ich begann, mit Reifen und Felgen zu handeln und auch Reparaturen und Montagen durchzuführen. Letztlich kam noch der An- und Verkauf von Gebrauchtfahrzeugen hinzu – auch das war seinerzeit noch ein gutes Geschäft.

Was sich heute nach einem kleinen strategischen Wachstums- oder Businessplan anhört, war in Wirklichkeit aber nichts anderes, als schwindende Einnahmen in dem einen Bereich mit Einnahmen aus neuen „Geschäftsfeldern" oder Aktivitäten auszugleichen. Damals habe ich das nur nicht auf Anhieb gemerkt oder so klar und deutlich gesehen.

Gegen Ende der neunziger Jahre gingen die Geschäfte immer schlechter und ich musste gegen Monatsende teils haarsträubende Geschäfte machen, um am nächsten Ersten die Miete zahlen zu können. Es ist mir eine Zeit lang gelungen, insgeheim beschäftigte ich mich aber immer wieder mit dem Thema Aufgabe – es war mir klar, dass das Geschäft keine Perspektive mehr für die kommenden Jahre bieten wurde und alle Möglichkeiten der Erweiterung oder Veränderung waren meiner Meinung nach versucht und ausgeschöpft.

Leider hatte ich aber keinen „Plan B" und zudem überhaupt keine Idee, wie ich mein Ansinnen aufzuhören meiner Familie beibringen könnte. Anstelle dennoch auf mein Gefühl zu hören, machte ich gleich mehrere folgenschwere Fehler. Es bot sich die Gelegenheit, ein angrenzendes, drei Mal zu großes Ladenlokal hinzuzumieten. Mein Vermieter erklärte sich gegen Unterzeichnung eines festen Mietvertrages für fünf Jahre bereit, die beiden Geschäfte zu verbinden und notwendige Umbauten durchzuführen. Ich unterschrieb, beseelt von der Idee mit größerem Laden würde sich alles wieder zum Besseren wenden – Fehler Nr. 1.

Meine Lieferanten erklärten sich selbstverständlich gerne bereit, den neuen großen Laden mit entsprechender Ware vollzustellen. Leider nicht auf Kommission, aber immerhin mit längeren Zahlungszielen. Ich bestellte also rauf und runter, Displays mit Scheibenwischern, Ölen oder Farbdosen, am Ende für abertausende von Euro und ohne die Möglichkeit der Rückgabe – Fehler Nr. 2.

Auch meine Hausbank war (erstaunlicherweise) mit im Boot. Da ich 1994 quasi ohne Eigenkapital gestartet war, hatte ich bereits mehrfach umgeschuldet (also aus Dispokrediten langfristige Kredite gemacht) und auch jede weitere „Expansion" weitestgehend „auf Pump" betrieben.

Eine erneute Neuordnung meiner Verbindlichkeiten stand an und mit der Vision des neuen großen Ladens und dank einer Bürgschaft aus der Familie, gewährte die Bank noch mal einen weiteren Kredit. Ich unterschrieb auch hier freudig. Das war dann der Fehler Nr. 3.

Keine sechs Monate später war ich am Ende! Ich konnte meine laufenden Kosten nicht mehr bezahlen, meine Kredite nicht mehr bedienen, geschweige denn meinen Lebensunterhalt aus dem Geschäft bestreiten. Der erhoffte

Mehrumsatz, durch das gewachsene Angebot und die größere Präsenz, war leider in keinster Weise eingetroffen.

Alle Versuche mit Sonderaktionen oder Werbemaßnahmen das Geschäft noch irgendwie anzukurbeln schlugen fehl, irgendwann war das Konto dicht und nichts ging mehr.

Es blieb mir nichts anderes übrig, als den Laden von heute auf morgen zu schließen.

In den darauffolgenden Wochen gelang es mir mit Unterstützung der Bank und der Familie, sowie der Aussicht auf einen neuen (angestellten) Job, die Dinge soweit zu ordnen, das eine (Privat) Insolvenz vermieden werden konnte. Meine bis dahin angesparte Altersvorsorge musste aufgelöst werden, einen Teil der Ware und Geschäftsausstattung konnte ich mit großen Nachlässen verkaufen. In Summe blieb mir am Ende noch ein ordentlicher Schuldenberg von über 75.000,00 EUR, den ich in den darauffolgenden 12 Jahren abgetragen habe. Wichtig war aber: Ich bin trotz meiner Verpflichtungen handlungsfähig geblieben!

Das viel zu lange Festhalten an der falschen Geschäftsidee und in meinem Fall das damit verbundene stetige Schulden machen, wäre fast im Desaster geendet. Natürlich muss man Ideen und Projekten Zeit geben, sich zu entwickeln und gerade als Selbstständiger kann man nicht bei den ersten Problemen die Flinte ins Korn schmeißen. Andererseits muss man aber auch erkennen, wann die Zeit gekommen ist, ein Vorhaben zu begraben.

Es gibt heute unzählige Literatur und Seminare, in denen uns weisgemacht wird, wir könnten alles im Leben erreichen wenn wir uns nur klar fokussieren, immer an unseren Zielen festhalten und niemals vom direkten Weg abkommen. Ich halte das definitiv für falsch!

Wer ständig und ohne Reflexion seinen Zielen und Ideen (und auch Fantasien) nachhängt, wird irgendwann „betriebsblind". Besser wäre es, regelmäßig eine ehrliche, schonungslose und realistische Bestandsaufnahme, eventuell auch mit externer Unterstützung, zu machen.

- Wo stehe ich?
- Bin ich meinem Ziel näher gekommen?
- Bin ich noch auf dem richtigen Weg?
- Stehe ich noch hinter meinem ursprünglichen Ziel oder bin ich gedanklich bereits ganz woanders?
- Habe ich Zweifel, das Ziel zu erreichen?
- Macht das, was ich tue, noch Sinn?
- Wie ist meine Perspektive für die kommenden Jahre?
- Wie sehen meine betriebswirtschaftlichen Kennzahlen aus?

Seien Sie hier kritisch mit sich selbst und machen Sie sich insbesondere bei der Betrachtung Ihrer Zahlen nichts vor! Reflektieren Sie Ihre Gedanken mit einer (neutralen) Person ihres Vertrauens. Spüren Sie, dass Sie heute anders entscheiden würden oder dass Sie nicht mehr hundertprozentig zu der bisher eingeschlagenen Richtung stehen, dann trauen Sie sich, Ihre Entscheidung zu überdenken und im Zweifel neu zu treffen.

Gerade beim Thema Zahlen oder Finanzen lügen sich viele Unternehmer viel zu lange etwas in die Tasche, indem sie schlechte Ergebnisse beschönigen oder gar vor sich selbst und vor anderen monate- oder jahrelang vertuschen. Immer in der Hoffnung „auf baldige Besserung" wird munter weiter vor sich hin „gewurschtelt". Ganze Fernsehformate, wie die Kochprofis oder der RTL-Schuldenberater, sind in den letzten Jahren zu diesem Thema entstanden …

Auch hier gilt: Egal, wie viel Geld oder Energie in das Unternehmen oder das Projekt geflossen sind – ein geordneter Rückzug oder Abbruch ist allemal besser und lässt Sie im Idealfall handlungsfähiger bleiben, als ein Weitermachen bis zum bitteren Ende, was dann nicht selten in der totalen Insolvenz endet.

Für Selbstständige, die Mitarbeiter beschäftigen, möchte ich gerne einen weiteren Impuls zum gleichen Thema geben. Auch hier habe ich meine eigenen Erfahrungen machen müssen.

Auch an falschen Mitarbeitern kann man zu lange festhalten!

Auch durch diesen Punkt habe ich mich oft und lange stressen lassen und häufig viel zu spät entschieden. In den sozialen Medien taucht immer mal wieder ein lustiges Zitat auf, was ich dazu ganz passend finde:

Frage: „Was, wenn wir unsere Mitarbeiter qualifizieren und sie dann gehen?"

Antwort: „Was, wenn wir es nicht tun und sie bleiben?"

Das Thema betrifft sowohl neu eingestellte als auch langjährige Mitarbeiter gleichermaßen.

Im ersten Fall stellt sich immer die Frage, wann Sie merken, ob ein Mitarbeiter tatsächlich geeignet für seine Aufgabe oder auch kompatibel mit dem Team ist. Eingestellt haben Sie ihn in der Regel nach seinen, in den Bewerbungsunterlagen aufgeführten, Qualifikationen und Ihrem Bauchgefühl aus einem oder mehreren Einstellungsgesprächen. Nun stellt sich die Frage – wie viel Zeit geben Sie dem neuen Mitarbeiter, um im Betrieb anzukommen, sich einzuarbeiten und auf die gewünschte Produktivität zu kommen?

Ich habe in meiner Selbstständigkeit hier oftmals viel zu lange weggeschaut, abgewartet und gehofft alles sei einfach nur eine Frage der Zeit, bis ein Mitarbeiter sich entwickelt. Oft war dem letztlich nicht so und ich habe die Entscheidung mich von jemandem zu trennen viel zu spät getroffen, obwohl mein Bauchgefühl mir schon viel früher den Impuls gegeben hat, dass der Mitarbeiter nicht der richtige war. Ich dachte hier auch oft: Wir haben jetzt schon so viel Zeit und Geld in den Mitarbeiter investiert, dass wir doch nicht alles wieder von vorne anfangen können. Wieder Stellenanzeigen aufgeben, wieder zahllose Gespräche führen usw.

Aber auch Mitarbeiter, die lange im Unternehmen sind, können ein Stressfaktor sein. Nämlich dann, wenn sie sich nicht mehr weiterentwickeln, innerlich gekündigt haben oder aber wenn sie über die Jahre Gewohnheiten entwickelt haben, die dem Rest des Teams und dem Betriebsklima nicht gut tun.

Auch hier habe ich teilweise viel zu lange die Eigenheiten mancher Mitarbeiter toleriert, obwohl ich mich immer wieder über die betreffenden Personen geärgert habe. Das ging teilweise sogar so weit, dass sich andere Mitarbeiter über die betroffenen Kollegen beschweren mussten, bis ich endlich eine Entscheidung getroffen habe.

Dabei spielten natürlich auch finanzielle Gründe eine Rolle – sich ab einer bestimmten Unternehmensgröße von Mitarbeitern zu trennen ist zwar nicht unmöglich, meist aber mit einigen Hürden verbunden und zudem durch Abfindungszahlungen sehr teuer.

Dennoch – im Nachhinein fühlte sich die Entscheidung immer richtig an und es war auch das Geld (sprich die Abfindung) wert. Solche Entscheidungen und die damit notwendigen Gespräche sind zwar nicht schön, aber ich habe mich danach jedes Mal gefragt, warum ich diese Entscheidung nicht schon viel eher getroffen habe.

Mit wäre viel Stress und Ärger erspart geblieben und es hätte sich häufig viel früher die Chance auf etwas Neues, auf frischen Wind für das Unternehmen, ergeben können.

Fazit

Vergessen Sie, wie viel Sie bisher in Ihr Unternehmen, einen Mitarbeiter oder in Ihr Projekt investiert haben. Das Investment ist weg, so oder so! Bleiben Sie selbstkritisch und trauen Sie sich loszulassen und neu zu starten, wenn Sie merken, dass Ihr Einsatz zu keinem guten Ende führt. Sie müssen niemandem gefallen und es niemandem recht machen, außer sich selbst!

2.5   Stressfaktor Nr. 5 – Die Wahl der falschen Gesprächspartner

Gerade als (Einzel)-Unternehmer, Chef oder Führungskraft ist es häufig sehr schwierig, den passenden Gesprächspartner zum persönlichen Austausch zu finden. Mit wem soll man über Unternehmensentscheidungen reden, seine Gedanken teilen und über seine täglichen Herausforderungen oder Probleme mit Projekten, Kunden oder Mitarbeitern sprechen?

„Als Chef bist Du so einsam wie Gott", sagte einst Bernd Stromberg in der gleichnamigen Fernsehserie – und er hat recht. Manche Themen können zwar im Kollegen- oder Führungskreis, sofern vorhanden, besprochen werden, aber es gibt genug Themen, die zunächst mit einer außenstehenden Person besprochen werden wollen, bevor es im Team oder in der Firma zur Sprache kommt.

Oft suchen Chefs oder Selbstständige daher zunächst im Familien- oder Freundeskreis passende Gesprächspartner. Diese Personen mögen vielleicht nur indirekt oder gar nicht im Geschäft involviert sein, doch haben sie dennoch nicht genügend emotionalen Abstand, um sachlich über Unternehmensentscheidungen sprechen zu können.

Der Lebenspartner hat eventuell Angst vor größeren Veränderungen, gute Freunde möchten vielleicht vor möglichen Fehlentscheidungen schützen. Die eigenen Eltern haben verständlicherweise Angst um die Kinder, hängen jedoch generationsbedingt oft alten Ansichten und Glaubenssätzen nach.

Manchmal ist auch Neid ein Grund für das unbewusste Säen von Zweifeln durch falsche Gesprächspartner: Man gönnt dem anderen keinen Erfolg, wenn man selbst wenig erfolgreich ist oder mit der Umsetzung seiner eigenen Pläne gescheitert ist.

Viele Menschen haben zudem von den Themen, die Selbstständige beschäftigen und umtreiben außerdem schlicht keine Ahnung, oftmals aber dennoch eine Meinung, die sie auf Nachfrage dann natürlich auch kundtun. Das führt dann zu den berühmten 20 verschiedenen Ansichten, wenn Sie zehn Personen um Rat fragen … Dabei sind die „Ja-Sager" genauso wenig hilfreich, wie die notorischen Bedenkenträger, die an allem zweifeln und alles infrage stellen.

So bleibt den meisten Unternehmern oft keine andere Wahl, als Entscheidungen alleine „im stillen Kämmerlein" zu treffen, und sie dann in der Regel auch noch lange vor sich herzuschieben oder sie wieder und wieder zu hinterfragen. Genau wie bei der zu langen Planungsphase oder der Angst vor falschen Entscheidungen, geraten Unternehmer hier zwangsläufig irgendwann in Stress, weil sie zwischen den verschiedenen Meinungen und Optionen hin und hergerissen sind.

Auf den richtigen Sparringspartner kommt es an
Ich persönlich habe auch jahrelang berufliche Dinge nur mit mir selbst abgemacht. Als Solo-Unternehmer ohnehin, interessanterweise hat sich daran aber auch nicht wirklich etwas geändert, seit ich mit zwei Partnern ein Unternehmen führe.

Neben dem Aspekt, dass wir alle drei viel zu viel in das Tagesgeschäft eingebunden sind und daher zu wenig Zeit für den Austausch bleibt, haben wir leider auch zu vielen Themen grundverschiedene Ansichten. Eigentlich ist das auch eine Chance, leider gelangen wir dadurch aber immer wieder schnell auf eine emotionale Diskussionsebene, auch wenn eigentlich Sachlichkeit gefragt ist.

Ich bin durch diesen Umstand vor einigen Jahren zum Coaching gekommen und habe mich im Nachhinein geärgert, dies nicht schon viel eher in Anspruch genommen zu haben.

Falls auch Sie in Ihrem Umfeld keinen geeigneten Gesprächspartner finden und dies bei Ihnen immer wieder zu Stress, Unsicherheit und Unzufriedenheit führt, wenden Sie sich doch vielleicht einmal vertrauensvoll an einen erfahrenen Business- oder Unternehmenscoach.

Coaching-Gespräche führen zu mehr persönlicher Klarheit und können Ihnen dabei helfen, vom Denken ins Handeln zu kommen

Ein Coach sieht aus einem anderen Blickwinkel auf die Dinge und ist zudem nicht emotional mit Ihnen verbunden. Somit können im Coaching ganz objektiv und neutral Ihre Themen besprochen, hinterfragt und analysiert werden. Bei Entscheidungen, die zu treffen sind, können gemeinsam Optionen, Lösungsmöglichkeiten und mögliche Konsequenzen durchgespielt werden, sodass Sie am Ende mehr Klarheit bezüglich Ihrer Pläne erhalten.

Gute Coaches arbeiten dabei immer als objektive Betrachter der Persönlichkeit, der Kompetenzen, Ziele und Einwände – können aber auch ihre intuitiven Wahrnehmungen ohne Bewertung oder Kränkung vermitteln und zwischen echten persönlichen Stolpersteinen des Klienten und fremden Glaubenssätzen unterscheiden.

Coaches sind dabei nicht für alle Aspekte der absolute Fachexperte, sie stellen aber die richtigen Fragen, geben Feedback und helfen bei der Strukturierung und Priorisierung.

Coaching kann auf verschiedene Arten erfolgen – stundenweise in wöchentlichen oder monatlichen Abständen, als kompakte Ein- oder Mehrtages-Coachings oder aber auch als fortlaufende Begleitung. Ein Erstgespräch, zum Kennenlernen und Klären der Ausgangslage oder Ihrer Themen, ist dabei in der Regel kostenlos.

Fazit

Die Wahl der Gesprächspartner hat erheblichen Einfluss auf das Handeln und kann daher zu Stress und Unsicherheit führen, wenn die falschen Personen involviert werden. Familie und Freunde eignen sich eher selten als Sparringspartner für unternehmerische und berufliche Themen. Ein professioneller Coach kann dagegen ein objektiver und konstruktiver Moderator und Begleiter sein.

2.6   Stressfaktor Nr. 6 – Nicht vorhandene oder unklare Ziele

Ganz zu Anfang des Buches (Stressfaktor Nr. 1, Abschn. 2.1) habe ich geschrieben, dass es leider keine perfekten Pläne gibt und dass Pläne niemals final und fertig sind. Meine Empfehlung war es, bei etwa 60 bis 70 % Planungsreife mit einem Vorhaben zu starten, und dann die Planungen den tatsächlichen Gegebenheiten und Entwicklungen fortlaufend anzupassen.

Viele verwechseln jedoch Planung und Ziel oder sind sich über Letzteres überhaupt nicht vollständig im Klaren.

Sind Ziele aber nicht vorhanden oder aber unklar oder unkonkret, dann kann auch das schnell zu Stress im Unternehmerleben führen. Nämlich dann, wenn sprichwörtlich nicht klar ist, wohin die Reise eigentlich gehen soll. Das sorgt für eigene Unsicherheiten, aber auch für Unsicherheiten bei Ihren Mitarbeitern, sofern Sie welche beschäftigen.

> Planung beschreibt die menschliche Fähigkeit zur gedanklichen Vorwegnahme von Handlungsschritten, die zur Erreichung eines Zieles notwendig scheinen (Wikipedia 2017).

Eine gängige und hilfreiche Methode bei der Zieldefinition ist beispielsweise die SMART-Methode. Auch wenn sie bereits in vielen Büchern beschrieben ist, möchte ich sie Ihnen hier noch mal kurz vorstellen.

Die SMART-Methode beschreibt, in welchen Punkten ein Ziel konkret definiert sein sollte, damit der Erfolg gesichert oder für die Beteiligten nachvollziehbar wird. Die Buchstaben SMART stehen dabei für:

* spezifisch
* messbar
* attraktiv (oder auch akzeptiert)
* realistisch
* terminiert

Die Methode stammt von Peter F. Drucker, einem US-Ökonomen, der gemeinhin als Pionier der modernen Managementlehre gilt und der sie im Jahre 1955 entwickelte, ursprünglich um Mitarbeiter besser zu führen.

Die SMART-Regel lässt sich aber wunderbar auch auf andere Bereiche anwenden, um z. B. Ideen oder Projekte auf Machbarkeit hin zu überprüfen.

Was ist nun mit den einzelnen Überschriften konkret gemeint?

Spezifisch
Jedes Ihrer Ziele sollte klar und konkret formuliert werden und das am besten in der Gegenwartsform. Warum in der Gegenwartsform? Weil das Unterbewusstsein nicht zwischen Vorstellung und Realität unterscheiden kann und somit den Wunsch, der in der Gegenwartsform benannt ist, als bereits erfüllt wahrnimmt.

Unser Unterbewusstsein lenkt unsere Handlungen. Formulieren wir unseren Wunsch also so, als ob er schon Realität sei, bewegen wir uns viel schneller und selbstverständlicher auf unser Ziel hin.

Ein Beispiel

Sie möchten gerne etwas für Ihren weiteren Karriereweg tun und eine Weiterbildung absolvieren. Eine unspezifische Formulierung Ihres Ziels könnte nun lauten:

„Ich möchte mich dieses Jahr endlich mal beruflich weiterbilden". Mit dieser Formulierung wird das Unterbewusstsein jedoch mit sehr unklaren Vorstellungen gefüttert und es ist absehbar, dass daraus keine tatsächliche Umsetzung erfolgen wird.

Eine konkrete Formulierung wäre: „Ich nehme nächsten Monat am Führungs-Seminar von XYZ in Hamburg teil". Bei dieser Vorstellung haben Sie direkt ein klares Bild der Handlung vor dem geistigen Auge und sind damit der Umsetzung ein großes Stück näher.

Auch für die Mitarbeiterführung sind konkrete Definitionen ebenso wichtig, damit die Ziele unmissverständlich sind und keine unterschiedliche Auffassungen oder Interpretationen möglich sind.

Messbar

Die Definition Ihres Zieles sollte mit einer Messgröße versehen sein, denn nur so lässt sich feststellen, ob das Ziel tatsächlich erreicht wurde. Viele Ziele sind durch Zahlen messbar, beispielsweise bei sportlichen Aktivitäten, beim Abnehmen oder bei einer angepeilten Umsatzsteigerung. Hier wird dann aus „wir müssen den Umsatz deutlich steigern …" eine konkrete Vorgabe. „Ab Januar 2017 werden wir den Umsatz monatlich um 10 % zum Vorjahr steigern …" – eine klare Vorgabe, die man eindeutig überprüfen kann.

Manche Ziele lassen sich aber nicht durch Zahlenangaben messen. Ein Beispiel wäre das persönliche Ziel, mehr Selbstvertrauen zu erlangen. Wie lässt sich das Erreichen solch eines Zieles messen?

Hier helfen Ihnen Fragen weiter, die Sie sich selbst beantworten: Woran werden Sie erkennen, dass Sie Ihr Ziel erreicht haben? Was hat sich in Ihrem Alltag geändert? Woran wird Ihr Partner/Ihre Partnerin merken, dass

Sie selbstvertrauter geworden sind? Wie wirkt sich die Zielerreichung auf das Berufsleben aus?

Beantworten Sie sich diese Fragen und definieren Sie damit Ihr messbares Ziel.

Attraktiv

Das „A" im Wort SMART kann für „attraktiv" aber auch für „akzeptabel" stehen. Bei dieser Bedingung geht es darum, dass Sie (oder auch Ihre Mitarbeiter) das Ziel auch tatsächlich erreichen WOLLEN.

Das Ziel muss also so attraktiv sein, dass eine gewisse Vorfreude spürbar ist und Sie es kaum erwarten können, endlich mit der Umsetzung der Aufgabe zu beginnen. Wer jedoch ein unattraktives Ziel vor Augen hat, wird nur halbherzig an die Umsetzung herangehen. Manchmal werden Ziele gesetzt, die gar nicht den eigenen Wünschen entsprechen, sondern fremdbestimmt sind.

Dies hat auch wieder mit den inneren Glaubenssätzen zu tun, die nicht hinterfragt wurden und von anderen Menschen einfach übernommen wurden. Ob das Ziel für Sie tatsächlich attraktiv ist, lässt sich ganz einfach überprüfen:

Formulieren Sie Ihr Ziel in der Ich-Form: „Ich will XYZ erreichen!"

Wenn Ihnen dieser Satz schwer von der Zunge geht, wird es sich um kein attraktives oder von Ihnen selbst gewähltes Ziel handeln.

Und noch ein Tipp: Beobachten Sie sich einmal selbst, wie Sie über Ihr Vorhaben reden. Sprechen Sie hauptsächlich mit Sätzen, in denen Wörter wie eigentlich, müssen, sollten oder man vorkommen, entspringt Ihr Ziel nicht Ihren eigenen Bedürfnissen.

Die Formulierung des attraktiven Zieles sollte zudem den positiven Zustand bei der Zielerreichung beschreiben. Zum Beispiel: „Aufgrund meiner absolvierten Fortbildung kann ich nun den nächsten Schritt Richtung Selbstständigkeit gehen".

Realistisch

Das Ziel sollte realistisch und erreichbar sein. Ist das Ziel zu hoch gesteckt oder wollen Sie zu viel auf einmal, wird die Motivation schon früh im Keim erstickt. Wenn Sie beispielsweise nach Jahren mal wieder etwas an Ihrer Fitness tun möchten, dann ist ein Ziel künftig 5 km pro Woche zu joggen sicherlich realistischer, als wenn Sie sich gleich den New York Marathon für das erste Jahr vornehmen.

Damit ein realistisches Ziel definiert werden kann, ist es zum einen wichtig, dass die notwendigen Kompetenzen und Fähigkeiten vorhanden sind, zum anderen kann ein großes Ziel aber auch in mehrere kleine Etappenziele eingeteilt werden.

Durch die Etappenziele verliert sich das frustrierende Gefühl, einen riesigen Berg bewältigen zu müssen, sondern man hat immer kleine (Zwischen)Ziele vor Augen, die einfacher erreichbar sind.

Terminiert

Jedes Ziel braucht einen definierten Zeitrahmen oder besser noch ein konkretes Datum für die Zielerreichung. Fehlt die zeitliche Vorgabe, dann wird das Vorhaben in der

Regel vor sich hergeschoben. Häufig bleibt das Ziel jedoch (bewusst oder unbewusst) dauernd im Kopf und erzeugt dann Stress, weil Sie ständig mit sich selbst im Konflikt sind und unzufrieden darüber, dass Sie nicht in die Umsetzung kommen.

Zeitliche Vorgaben sind auch für die Erreichung der kleinen gesetzten Zwischenziele absolut notwendig. Je mehr Etappen Sie auf dem Weg zum „großen Ganzen" hinter sich lassen, umso besser, erfolgreicher und stressfreier werden Sie sich fühlen.

Einen Zielplan erstellen

Wenn Sie Ihr Ziel beleuchtet, überprüft und formuliert haben, folgt die Erstellung eines eindeutigen konkreten Zielplans. Ein schriftlicher Zielplan ist nicht nur ein hilfreicher Wegweiser, sondern durch das Aufschreiben verankert sich das Vorhaben auch besser in Ihrem Unterbewusstsein. Wie bereits weiter oben geschrieben werden unser Verhalten und unsere Aktionen vom Unterbewusstsein gelenkt.

Der erste Schritt bei der Erstellung des Zielplans ist die Einteilung des Hauptzieles in kleinere Etappenziele. Empfehlenswert sind Wochen- und Monatsziele, die für den Weg zum großen Ziel wichtig sind.

Wie Ihr Zielplan aussieht, bleibt natürlich Ihnen überlassen. Ich finde eine Tabelle sehr übersichtlich und nutze diese auch in meinen Coachings. Nehmen wir an, Sie möchten sich zum Ende des Jahres 2017 selbstständig machen – ein Zielplan könnte wie folgt aussehen:

Hauptziel: Gründung meines eigenen Unternehmens im Einzelhandel Start der Umsetzung: 01.01.2017 - Datum der Zielerreichung: 01.09.2017			
Was muss ich dafür tun? Einteilung in Etappenziele bzw. kleine Schritte			
Etappenziel	**Möglichkeiten**	**Wer hilft dabei?**	**Datum Ziel erreicht**
Infos einholen und anmelden zu einem Gründerseminar	Onlinerecherche, IHK, Gründerzentren	IHK, Hausbank?	15.02.2017
Steuerberater suchen und Erstberatung	Onlinerecherche, Empfehlungen	Eltern, Freunde oder Bekannte	30.03.2017
Geschäftsausstattung, Logo usw. erstellen	Werbeagentur, Internet-Portale	Gründerzentren, Empfehlungen	30.04.2017
Passendes Ladenlokal suchen	Makler, Zeitung, Internet, Stadt?	Eltern, Partner/in	01.06.2017
So lässt sich die Liste	**weiter fortführen ...**	.....	.....

Der Zielplan ist Ihr Fahrplan zur Erreichung Ihres Vorhabens. Mit den klaren Terminierungen und den einzelnen Schritten wird die Motivation erhalten und jedes erreichte Etappenziel führt zu einem zusätzlichen Motivationsschub. Schritt für Schritt kommen Sie Ihrem Ziel näher, wobei Sie sich nun nicht sklavisch an diesen Plan halten müssen. Er ist nichts anderes als ein Hilfsmittel, damit Sie Ihr Ziel leichter erreichen, indem Sie vorgedacht und die einzelnen Schritte gut überlegt haben.

Wie ebenfalls bereits erwähnt wird nicht alles planbar sein und sollte einmal ein Etappenziel länger als geplant dauern, ist das kein Grund den Kopf hängen zu lassen. Ändern Sie die Terminierung für die folgenden Schritte, sodass der Fahrplan der Situation angepasst wird.

Während der Umsetzung werden Sie auch immer mal wieder merken, dass vielleicht weitere Zwischenschritte notwendig sind oder weitere helfende Personen ins Boot geholt werden müssen. In diesem Fall ergänzen Sie den Zielplan um die entsprechenden Schritte.

Die 72-Stunden-Regel
Der beste Zielplan nützt Ihnen jedoch nichts, wenn Sie nicht auch schnell ins Handeln kommen. Dazu gibt es die 72-Stunden-Regel:

Fangen Sie spätestens 72 h nach dem Erstellen Ihres Zielplans mit den ersten Schritten der Umsetzung an!
Warten Sie länger, wird die Wahrscheinlichkeit immer größer, dass Sie nicht ins Handeln kommen. Der Plan wird dann zum Vorsatz, so wie man das von guten Vorsätzen an Silvester kennt: Er verblasst, bis Sie sich irgendwann vielleicht nur durch Zufall wieder daran erinnern.

Fazit

Eine klare und konkrete Zielformulierung sowohl für Sie selbst, als auch für Ihre Mitarbeiter, ist die Grundlage erfolgreichen und stressfreien oder zumindest stressreduzierten Handelns.

Die systematische Zielplanung hilft Ihnen bei der konkreten Umsetzung und ermöglicht Ihnen diese auch nachzuvollziehen. Erreichte Etappenziele steigern die Motivation und helfen Ihnen den Weg bis zum Ende zu gehen.

2.7   Stressfaktor Nr. 7 – Tunnelblick in Richtung Risiko

Jede Entscheidung im Leben birgt fast immer ein Risiko und eine Chance. Als Selbstständiger sind Sie jedoch in der Situation, täglich unzählige Entscheidungen treffen zu müssen – oftmals auf Basis unvollständiger oder inkonsistenter Informationen. Nicht bei allen Entscheidungen geht es um Leben und Tod, nicht alle Entscheidungen sind schwerwiegend und „kriegsentscheidend", dennoch kann alleine die Fülle zu treffender Entscheidungen sehr anstrengend und überaus stressig sein.

Wenn Sie Mitarbeiter beschäftigen, erhöht sich die Zahl Ihrer Entscheidungen noch mal deutlich, denn auch Mitarbeiter erwarten sehr häufig, dass Sie für sie Entscheidungen treffen oder zumindest bei deren Entscheidungsfindung behilflich sind.

Richtig stressig wird es aber dann, wenn Ihr Blick vorwiegend oder sogar ausschließlich nur auf das Risiko Ihrer Entscheidung gerichtet ist. Diese Sichtweise verhindert den Blick auf die Chancen, die sich bieten und führt außerdem dazu, dass Sie die Entscheidung immer und immer wieder im Kopf bewegen und hinterfragen.

„Mein letzter Gedanke, bevor ich Entscheidungen treffe: Ach, scheiß drauf ..."
Gehören auch Sie zu der Gruppe derer, die sich eher mit Risiko und Scheitern beschäftigen, dann empfehle ich Ihnen bei wichtigen Entscheidungen künftig eine kurze schriftliche „Analyse" der Situation. Nehmen Sie sich ein Blatt Papier, teilen dies in der Mitte und schreiben Sie „Risiko" und „Chance" in die beiden Felder.

Schreiben Sie dann mögliche Risiken und Konsequenzen in Stichworten in das Feld „Risiko". Machen Sie hier keine stundenlange Übung raus, sondern schreiben Sie wie bei einem Brainstorming die Aspekte auf, die Ihnen als erstes in den Sinn kommen. Versuchen Sie dabei möglichst konkret zu sein, verzichten Sie aber auf eine Bewertung der einzelnen Punkte. Beantworten Sie sich auf diesem Teil des Blattes auch die Frage: „Was ist das Schlimmste, was passieren kann?"

Dann schauen Sie sich auch einmal die Chancen an, die sich Ihnen bieten, wenn Sie den Mut aufbringen die Entscheidung zu treffen. Denken Sie nach, was anders ist und sich verändert hat, wenn Sie die Entscheidung getroffen haben. Diese Punkte schreiben Sie in das andere Feld.

Sie werden sehen, dass alleine die Verschriftlichung oder Visualisierung des „Für und Wider" Ihren Blickwinkel deutlich erweitern und Ihnen bei der Entscheidungsfindung helfen wird.

Eine andere, zugegeben etwas aufwendigere, Möglichkeit Ziele oder Entscheidungen auf Machbarkeit und Konsequenzen zu überprüfen, ist eine Methode wie sie Walt Disney, der Schöpfer von Mickey Maus und Donald Duck, häufig praktiziert hat.

Ziele oder Entscheidungen á la Walt Disney überprüfen

Hatte Walt Disney eine Idee, nahm er drei verschiedene Rollen ein, um sein Vorhaben aus drei unterschiedlichen Blickwinkeln zu betrachten: die des Kritikers, des Realisten und des Träumers. Für diese drei Perspektiven wählte Disney zudem unterschiedliche Plätze aus.

Er setzte sich also an einen Platz, an dem er gut träumen konnte und seinen Ideen freien Lauf lassen konnte (Träumer), wählte einen anderen Raum oder Ort aus, an dem ihm der kritische Blick leicht fiel (Kritiker) und einen dritten Platz, an dem ihm die realistische Sicht möglich war (Realist). Bei allen drei Rollen ließ er sich ausschließlich auf den bestimmten Blickwinkel ein.

Schaute er beispielsweise aus der Sicht des Träumers auf sein Vorhaben, schaltete er den inneren Kritiker und Realisten aus. Nehmen wir z. B. das Ziel der Unternehmensgründung. Sie wählen einen Platz oder einen Raum aus, an dem es Ihnen leicht fällt, Ideen freien Lauf zu lassen. Als Träumer malen Sie sich Ihr Unternehmerdasein im Idealzustand aus. Spielen Sie gedanklich mit Ideen und stellen Sie sich Ihr Ziel in den schönsten Farben vor. Fragen Sie sich, warum Sie dieses Ziel erreichen möchten und wo die Vorteile darin liegen.

Es folgt die Perspektive des Kritikers, wobei überprüft wird, ob und welche Risiken mit dem Ziel verbunden sind. In der Position des Kritikers bekommen auch Befürchtungen, Zweifel und Bedenken Raum. Fragen Sie sich, wer gegen die Zielerreichung sein könnte und warum. Wie wirkt sich das Vorhaben auf die Betroffenen aus (Familie, Freunde, Mitarbeiter usw.)? Fragen Sie sich auch, worauf Sie für Ihr Ziel verzichten müssen und ob Sie dazu bereit sind.

Anschließend suchen Sie sich einen Platz oder Ort aus, an dem Ihnen der realistische Blick leicht fällt. Jetzt überprüfen Sie Ihr Vorhaben auf die Realisierbarkeit. Haben Sie die notwendigen Kompetenzen und Fähigkeiten? Welche Schritte müssen gegangen werden, um das Unternehmen gründen zu können? Sind Hilfsmittel nötig und wenn ja, welche? Welche Personen werden bei der Umsetzung helfen und in welcher Form? Woran lässt sich das Erreichen des Zieles messen? Auf diese Weise wird ein Vorhaben von allen Seiten beleuchtet und bewusst aus drei verschiedenen Perspektiven betrachtet.

Die Gedanken, die dabei auftauchen, sollten bestenfalls notiert werden. Diese Methode hilft zum einen dabei, Ideen auf Realisierbarkeit zu überprüfen und zum anderen stehen die Notizen für eine detaillierte Zielplanung zur Verfügung. Wenn Sie sich alleine schwer tun, diese Übung umzusetzen – im Coaching gibt es z. B. die Methode „Das innere Team". Dabei nimmt der Klient nacheinander die unterschiedlichen Rollen (z. B. Realist, Träumer, Skeptiker usw.) ein und wird in jeder Rolle vom Coach interviewt.

> **Fazit**
>
> Jede Handlung und Entscheidung bietet Risiko und Chance. Gerade für wichtige oder weitreichende Entscheidungen gibt es erprobte Methoden, „Für und Wider" zu identifizieren und transparent gegeneinander abzuwägen. Dinge aufzuschreiben erweitert den Blickwinkel und sorgt für die notwendige Klarheit.

2.8   Stressfaktor Nr. 8 – Vereinbarkeit von Beruf und Familie

Das Thema ist heutzutage ebenfalls in aller Munde, wenngleich auch in einem anderen Kontext. Meist geht es darum, was (insbesondere große) Unternehmen tun können, um ihren Mitarbeitern den täglichen Spagat zwischen Arbeit und Familie zu erleichtern. Obwohl viele Unternehmen hier bereits große Anstrengungen unternehmen, fallen insbesondere der Politik immer neue Ideen ein, es für Unternehmer und Arbeitgeber schwerer zu machen.

Aktuelles Beispiel aus Ende 2016 – nicht nur, das der Arbeitnehmer grundsätzlich ein Recht auf Teilzeit haben soll, nun soll es ihm auch ermöglicht werden quasi jederzeit auch wieder in Vollzeit wechseln zu können. Wie der Unternehmer damit seine Produktion organisiert oder seine Kapazitäten plant, bleibt offen.

Weniger im Fokus und wahrscheinlich auch nicht für viele Menschen interessant ist aber, wie der Unternehmer selbst seine Verpflichtungen aus der Selbstständigkeit mit den Bedürfnissen seiner Familie unter einen Hut bringt. Hier liegt ein weiterer, oft schwerwiegender, Stressfaktor verborgen.

Gerade Solo-Unternehmer und auch Gründer, sind häufig rund um die Uhr im Einsatz für die Firma. Familienleben, Freunde und soziale Kontakte bleiben dabei schnell auf der Strecke. In der wenigen Freizeit versucht man entweder die Akkus ein wenig aufzuladen oder aber beschäftigt sich mit anderen beruflichen Themen, für die ansonsten keine Zeit war. Eine gewisse Zeit ist das alles machbar und auch die Familie und Freunde werden Verständnis dafür aufbringen. Irgendwann, oft dann wenn auch Kinder ins Spiel kommen, ist es mit dem Verständnis und der Toleranz dann vorbei. Der Selbstständige zerreißt sich dann zwischen den an ihn gestellten Anforderungen aus Job und Familie und versucht es irgendwie allen recht zu machen – bis er irgendwann auf der Strecke bleibt.

OK, das klingt jetzt alles sehr dramatisch und sicherlich hängt auch vieles von der Branche und der Tätigkeit ab, wie stressig es tatsächlich wird. Meine Wahrnehmung und auch das Feedback aus vielen Gesprächen mit unterschiedlichsten Unternehmern ist aber, dass die Anforderungen heutzutage eigentlich überall steigen.

In meiner ersten Selbstständigkeit im Einzelhandel stand ich sechs Tage die Woche im Geschäft. Dazu noch Auslieferungen, Besorgungen oder ganz alltägliche Dinge, wie den Laden mal zu putzen oder das Lager aufzuräumen. Viel Luft war damals schon nicht …

Heute, in meinem Job im Eventbereich, bin ich zwischen 80 bis 100 Tage im Jahr beruflich auf Reisen – teils nur wenige Tage, immer wieder aber auch länger. Immer dabei: diverse Wochenenden, an denen Veranstaltungen stattfinden oder zumindest schon angereist werden muss. Die Tage im Büro beginnen in der Regel zwischen 08.00 und 08.30 Uhr und enden nicht selten erst gegen 19.30 Uhr oder auch später. Dazu kommt, auch im Urlaub oder an freien Tagen, immer eine gewisse Erreichbarkeit, die gewährleistet sein muss. Als Vater zweier Kinder, kenne ich den Spagat zwischen Job und Family bei den Rahmenbedingungen also recht gut.

Wie Sie sich z. B. durch Delegieren oder Auslagerung von definierten Aufgaben zumindest etwas Linderung bzw. Freiräume verschaffen können, haben Sie an anderer Stelle schon gelesen. Aber welche Möglichkeiten gibt es noch,

Ihren Alltag etwas ausgeglichener zu gestalten und damit den Stress für Sie als Selbstständigen zu reduzieren?

Versuchen Sie nicht zu viel auf einmal!
Viele Unternehmer verzweifeln an ihrer vermeintlich nicht änderbaren Situation, weil Sie zu viel auf einmal verändern möchten. Das Resultat ist häufig, dass gar nichts verändert wird und man immer tiefer in die Stress-Spirale gerät. Ich empfehle Ihnen kleine Schritte zu gehen und nach und nach kleine Veränderungen oder neue Gewohnheiten zu etablieren.

Zu Hause = zu Hause
Wenn ich zuhause bin, dann bin ich auch zu Hause – das klingt banal, bedeutet aber, das ich zu Hause nicht arbeite! So wenig wie ich eben zuhause bin, ist die knappe Zeit dann auch ausschließlich für die Familie reserviert. Viele kommen nach Hause, das Handy noch am Ohr und begeben sich gleich wieder an den Rechner, nachdem Frau und Kinder kurz begrüßt wurden. Tun Sie das nicht! Kommen Sie lieber später, oder gehen Sie am nächsten Tag früher, aber widmen Sie die Zeit, die Sie zuhause sind dann auch ausschließlich der Familie.

Wenn ich an Wochenenden arbeiten muss, fahre ich dazu in die Firma und arbeite nicht von zu Hause. Ich grenze das klar ab. Ich bin zwar nicht da, insbesondere für die Kinder ist das nach meiner Erfahrung aber deutlich besser zu verstehen und auszuhalten, als wenn Papa zuhause ist, aber für die Kinder nicht zur Verfügung steht. Zudem geht es dann meist auch schneller, weil die Konzentration in der Firma um einiges höher ist.

Nehmen Sie einen kleinen Umweg

Ich weiß, es klingt paradox, wo die Zeit doch eh so knapp ist, aber ich erkläre Ihnen, was ich damit meine. Ich habe es bei mir selbst oft erlebt, dass ich den Stress und oft auch Ärger des Tages noch völlig ungefiltert und unreflektiert mit nach Hause gebracht habe. Ich habe dann zwar nicht gearbeitet, war aber emotional und gedanklich noch bei den Ereignissen des Tages und oft entsprechend „aufgeladen". Dementsprechend gab es oft Streit und Stress – die Familie freute sich auf Papa und Papa kam ganz offensichtlich mit extrem schlechter Laune nach Hause und ließ diese dann an Frau oder Kindern aus. Natürlich meist unbewusst und vor allem nicht gewollt, dennoch: Abend im Eimer!

Als ich mein erstes Coaching genommen habe, gab mir mein Coach einen guten Rat, den ich bis heute versuche zu befolgen. Insbesondere wenn der Tag schwierig und stressig war und ich merke, dass ich noch emotional angespannt bin, halte ich auf der Heimfahrt an und gehe eine halbe Stunde spazieren. Dabei versuche ich bewusst, den Tag und die Geschehnisse hinter mir zu lassen und mich ebenso bewusst auf zu Hause zu freuen und einzustimmen. Wenn ein Spaziergang, warum auch immer nicht klappt, nehmen Sie zumindest einen kleinen Umweg und lassen sich etwas Zeit.

Schaffen Sie kleine Gewohnheiten

Wie oben geschrieben, scheitern viele an konkreten Veränderungen, weil sie sich zu viel auf einmal vornehmen. Schaffen Sie hingegen kleine Gewohnheiten oder Rituale für oder mit der Familie, und halten Sie diese dann auch zu einhundert Prozent ein.

Das muss nichts Gigantisches sein! Ich versuche z. B. an mindestens einem Tag in der Woche, meinen Sohn morgens in den Kindergarten zu bringen sowie an einem Tag ihn abends ins Bett zu bringen – lange Geschichte vorlesen inklusive. Einmal im Monat, gehen wir mit der ganzen Familie lecker essen oder brunchen – jeder darf mal aussuchen, wo es hingeht. Und egal, wo ich auf der Welt unterwegs bin – ich rufe täglich einmal zu Hause an und versuche mit allen zu sprechen.

Überlegen Sie also, welche Gelegenheiten sich Ihnen konkret im Alltag bieten, die zu schaffen sind und nicht bei erstbester Gelegenheit ausfallen müssen.

Ein gemeinsames Frühstück oder Mittagessen, ein freier Nachmittag in der Woche oder vielleicht auch nur im Monat, gemeinsamer Sport oder andere Aktivitäten. Ich bin sicher, es werden Ihnen viele kleine Gelegenheiten einfallen, die schon ganz viel für Sie und Ihre Familie positiv verändern, wenn Sie diese dauerhaft gemeinsam erleben.

Beziehen Sie Ihre Familie mit ein

Zugegeben, das ist schon eine etwas größere Herausforderung, aber dennoch einen Gedanken wert. Ich versuche, dort wo es geht, meine Familie auf Termine oder Reisen mitzunehmen. So habe ich schon den ein oder anderen auswärtigen Freitags- oder Montagstermin mit einem tollen Familienwochenende verbunden oder zu längeren Geschäftsreisen die Familie einfach mitgenommen. Mit Kindern im schulpflichtigen Alter wird es dann schwierig, aber überlegen Sie, welche Gelegenheiten sich bei Ihnen bieten.

Fazit

Die Vereinbarkeit von Familie und Beruf ist nicht nur für Arbeitnehmer, sondern gerade auch für Selbstständige eine wahnsinnige Herausforderung und ein täglicher Interessenskonflikt!

Versuchen Sie mit kleinen Ritualen oder Gewohnheiten, sich einen gewissen Freiraum und Zeit für und mit der Familie zu schaffen. Es kommt dabei nicht auf große tolle Aktivitäten an, sondern darauf, dass Sie diese kleinen Momente regelmäßig stattfinden lassen und gemeinsam genießen. Und nehmen Sie sich keine Arbeit mit nach Hause!

2.9 Stressfaktor Nr. 9 – Unternehmungen mit Partnern

Am Anfang einer Selbstständigkeit steht häufig die Über-
legung „alleine oder mit Partnern gründen"? Manche
Geschäftsidee ist vielleicht auch schon in einer Gemein-
schaft oder mit Freunden geboren worden, sodass eine
gemeinsame Unternehmensgründung schnell nahe liegt
und auch logisch erscheint.

Aber auch Menschen, die als Solo-Unternehmer gestartet sind, kommen irgendwann an einen Punkt, wo entweder das Wachstum alleine nicht mehr zu bewältigen ist,
man sich für bestimmte Aufgaben einen Partner wünscht
oder aber die finanzielle Ausstattung der Firma verbessert
werden soll – und das möglichst ohne eine Bank zu bemü-
hen. Auch dann stellt sich häufig die Frage nach der Auf-
nahme einer oder mehrerer Partner.

Es gibt sicherlich zahlreiche Geschichten von erfolgreich gegründeten und gut funktionierenden aktiven Part-
nerschaften, gerade im Start-up-Bereich. Die Geschichten,
bei denen sich die Partner blind verstehen, ideal ergänzen
und immer alles harmonisch und „Friede, Freude, Eierku-
chen" ist. Es gibt aber leider auch ebenso viele gegentei-
lige Beispiele, bei denen sich die Partner zerstreiten, sei es
weil man früher oder später unterschiedliche Auffassungen
über die Ausrichtung oder Führung des Unternehmens
hat, es finanzielle Streitigkeiten gibt oder irgendwann
Zweifel daran bestehen, dass alle den gleichen Beitrag zum
Unternehmenserfolg leisten.

**Das ist dann der Moment, in der eine unternehmeri-
sche Partnerschaft schnell in Stress ausarten und zu
einer richtigen Belastung werden kann!**

Ich habe am Anfang meiner Selbstständigkeit die Erfahrung gemacht, wie es ist, mit Freunden zu gründen. Mit
zwei guten Freunden gründete ich, parallel zu meinem
von mir alleine geführten Geschäft für Autozubehör, einen
Kurierdienst. Am Anfang ganz klein, mit nur einem PKW,
mit dem wir als Subunternehmer für einen überregiona-
len Kurierdienst unterwegs waren. Im Verlauf wuchs die
kleine Firma, wir schafften einen eigenen Transporter an,
konnten eigene Kunden gewinnen und unterschrieben am
Ende sogar einen Leasingvertrag für einen großen LKW.

„Auf dem Höhepunkt" unseres Schaffens, unterschrieben wir einen Vertrag mit dem Hermes-Versand und über-
nahmen einige Ausliefergebiete in Wuppertal. Die Firma
wuchs durch den „Hermes Deal" in dieser Zeit auf 8 fest
angestellte Mitarbeiter. Damit begannen jedoch auch
die Probleme, die uns im weiteren Verlauf fast in den
Ruin getrieben hätten. Wir hatten nämlich weder unsere
Abläufe noch unsere Zahlen vernünftig im Griff. Mit
etwas Glück hatten wir es sogar als kleines Transportun-
ternehmen geschafft, eine Factoring Bank zur Vorfinan-
zierung unserer Umsätze zu gewinnen. Im Logistikbereich
waren Zahlungsziele von sechzig Tagen und mehr keine
Seltenheit und die Überbrückung dieser langen Zeit war
für uns alleine fast nicht möglich.

Die Factoring Bank finanzierte 80 % der Umsätze binnen weniger Tage vor, die restlichen 20 % (abzüglich ihrer
Gebühren) folgten dann, wenn der Kunde vollständig
gezahlt hatte.

Durch sehr häufige Rechnungsläufe, erreichten wir so einen konstanten Geldeingang, leider gaben wir es aber auch genauso schnell aus. Wir entnahmen selber Geld ohne einen Überblick zu haben, was wir eigentlich tatsächlich verdient hatten, wir gaben Vorschüsse an Fahrer, kauften irgendwelche Sachen oder gaben Geld für irgendwelche Werbeaktionen aus.

Hinzu kamen die Ausgaben für die Gehälter der Fahrer, Kosten für diverse Mietfahrzeuge, Schäden an selbigen, sowie horrende Spritkosten. Ob sich Aufträge oder insbesondere unser Geschäft mit Hermes überhaupt rechneten, das wussten wir schlicht und einfach nicht.

Was wir auch nicht so richtig auf dem Schirm hatten, waren die Arbeitgeber-Nebenkosten für die Sozial- und Krankenversicherungen. Wie ernst die Lage tatsächlich war, merkten wir jedoch erst ganz langsam.

Wir hatten uns die Tätigkeiten in der Firma aufgeteilt. Da mein Autozubehörgeschäft quasi die Zentrale war und ich dort den ganzen Tag ohnehin zugegen war, übernahm ich die Auftragsannahme und Abwicklung. Der zweite Mann koordinierte die Fahrer und saß häufig auch selbst „auf dem Bock". Unser dritter Partner war für die Rechnungsstellung und die Buchhaltung zuständig und arbeitete in der Regel von seinem Zuhause aus. Irgendwann begannen die finanziellen Schwierigkeiten – wir konnten uns selbst keine oder nur noch reduzierte Beträge auszahlen, Gehälter gingen schon mal ein paar Tage später raus und wir fingen an mit Kreditkarten Bargeld abzuheben, um uns ein paar Wochen Spielraum zu ermöglichen.

Die permanenten Engpässe, trotz des Factorings, machten uns stutzig und wir begannen immer wieder an den

Fähigkeiten unseres Buchhalters zu zweifeln. Da wir aber über Jahre gut befreundet waren und neben der Arbeit auch fast unsere ganze Freizeit miteinander verbracht hatten, fiel es uns jedoch sehr schwer, hier wirklich Tacheles zu reden und unsere Unsicherheit und Unzufriedenheit klar zum Ausdruck zu bringen. Stattdessen haben wir uns immer wieder beschwichtigen lassen und uns oft auch selbst etwas vorgemacht.

Das an anderer Stelle schon beschriebene Ende meines Autozubehörgeschäfts nahm ich zum Anlass, mich nach fast acht Jahren auch aus der gemeinsamen Kurierfirma zu verabschieden. Da wir bei Gründung die Unternehmensform der Gesellschaft bürgerlichen Rechts (GbR) gewählt hatten und dies auch später nie verändert hatten, ging das zunächst recht simpel und unbürokratisch. Ein paar Jahre später sollte mich das Thema jedoch noch mal einholen.

Die beiden Kollegen führten die Firma zu zweit noch zwei Jahre weiter, bevor Sie dann endgültig aufgeben mussten. So ergab es sich, dass ich über zwei Jahre nach meinem Ausscheiden von zwei Banken noch mal zur Kasse gebeten wurde. In einer GbR haftet jeder für jeden mit seinem gesamten Vermögen und da ich bei Gründung und auch später alle Dinge mit unterschrieben hatte, stand ich dort noch mit in der Haftung.

Ob mich die Banken bei meinem Ausscheiden überhaupt aus der Haftung entlassen hätten, darüber habe ich zumindest heute auch meine Zweifel. Ich hatte mich aber seinerzeit auch nicht darum gekümmert, sondern bin blauäugig davon ausgegangen, dass mit meinem Verlassen der Firma nun schon alles irgendwie gut sein würde …

Es geht bei diesem Beispiel aber gar nicht darum, jemand einzelnen die Schuld am Scheitern zu geben. Letztlich waren wir alle gemeinsam verantwortlich, in den guten wie in den schlechten Zeiten. Vielmehr soll die Geschichte deutlich machen, wie schwierig es ist, wenn sich gute Freundschaft und eine gemeinsame Unternehmung oder Firma vermischen. Es war uns einfach kaum möglich, Berufliches und Privates zu trennen und eben auch unschöne Dinge oder Probleme klar zu benennen und ohne Emotionen sachlich miteinander zu besprechen. Jegliche Kritik an der Arbeit des anderen wurde sofort persönlich genommen. Das ist übrigens auch ein häufiges Problem bei Unternehmen, die im Familienkreis geführt werden.

Aber auch ohne enge Freundschaft, kann ein gemeinsam geführtes Unternehmen eine echte Herausforderung sein. Wie in meiner Einleitung geschrieben, bin ich heute mit zwei Partnern unternehmerisch tätig. Wir halten die gleichen Anteile und sind somit gleichberechtigt. Auch wir haben die Tätigkeiten nach unseren Kompetenzen und Stärken aufgeteilt. Wir sind alle drei charakterlich sehr unterschiedlich, was eigentlich eine Chance sein könnte. In der Praxis führt dies allerdings auch oft zu Stress und Problemen, insbesondere wenn es um die strategische Ausrichtung der Firma oder die Führung der Mitarbeiter geht. Hier prallen oft Welten und Ansichten auf- oder besser gegeneinander und die fortwährenden Spannungen und Auseinandersetzungen sind zu mindestens für mich oftmals kraft- und nervenraubend und ein hoher Stressfaktor.

Trotz über zwanzig festangestellter Mitarbeiter sind wir alle drei sehr stark in das Tagesgeschäft eingebunden und es bleibt daher immer zu wenig Zeit, „am" statt nur „im" Unternehmen zu arbeiten. Häufig sind die Zeitspannen zwischen unseren Partnermeetings so groß, dass sich zu viele Themen angesammelt haben und die Zeit gar nicht reicht, um alles zu besprechen. Dass das Interesse, diese Partnermeetings überhaupt stattfinden zu lassen, darüber hinaus auch sehr unterschiedlich ist, erschwert es zusätzlich. Wir haben einige Versuche gemacht, diese Partnertreffen durch einen Coach oder Moderator begleiten zulassen. Die Ergebnisse und Erfahrungen damit waren grundsätzlich gut, wenn auch in unserem Fall nicht sonderlich nachhaltig. Ich kann dennoch jedem Unternehmer empfehlen, das einmal auszuprobieren.

Fazit

Ein Unternehmen mit Partnern aufzubauen oder zu führen, kann eine Chance aber auch ein nervenaufreibendes Unterfangen sein. Überlegen Sie sich sehr genau, ob und wofür Sie tatsächlich Partner brauchen. Viele Aufgaben und Tätigkeiten können auch anderweitig, z. B. an andere Unternehmen, vergeben werden, ohne dass es gleich eine Partnerschaft braucht.

Wenn Sie sich dafür entscheiden, wählen Sie eine solide Rechtsform (z. B. eine GmbH) und schaffen Sie eine vertragliche Basis, die z. B. auch ein Ausscheiden eines Partners klar regelt.

Schaffen Sie von Anfang an regelmäßige und feste (Aus) Zeiten, in denen Sie mit ihren Partnern zusammenkommen und unternehmerische Dinge besprechen und Entscheidungen treffen. Entwickeln Sie gemeinsame Visionen, setzen Sie sich gemeinsame Ziele und überprüfen Sie diese stetig. Es ist nützlich und hilfreich, auch wenn Sie mehrere Partner sind, regelmäßig mit einem neutralen Coach oder Moderator zusammenzuarbeiten.

2.10 Stressfaktor Nr. 10 – Die (falschen) Kunden

Kennen Sie die Webseite „Kunden aus der Hölle" (www. ausderhoelle.de)? Diese Webseite listet den täglichen Irrsinn und die täglichen Unverschämtheiten auf, die viele Mitarbeiter aber eben auch Unternehmer in ihrem Berufsalltag im Handel- oder Dienstleistungsbereich ertragen müssen.

Was auf der Webseite jedoch viele vor allem zum Schmunzeln anregt, ist in Wirklichkeit oft nur schwer zu ertragen und einer der Hauptstressfaktoren für Unternehmer gleich welcher Art. Sowohl zu Beginn einer Selbstständigkeit, wo man ja zunächst auf jeden Kunden und jeden Umsatz angewiesen ist, als auch später, wenn man Mitarbeiter beschäftigt und Löhne und Gehälter zahlen muss und dadurch wirtschaftlichen Zwängen ausgesetzt ist, fällt es ausgesprochen schwer, mit frechen, nörgelnden, unverschämten und unfairen Kunden angemessen umzugehen. Es braucht zudem starke Nerven und ein „dickes Fell", sich von dieser Klientel nicht völlig runterziehen und entmutigen zu lassen.

Es ist heutzutage, so glaube ich zumindest, ein Stück weit (deutsche?) Mentalität geworden, sich als Kunde über den Verkäufer oder Dienstleister zu stellen und sich überheblich und von oben herab zu benehmen. Alles ist heute im Überfluss verfügbar, das Internet ermöglicht eine nie da gewesene (Preis)Transparenz und immer mehr Anbieter kämpfen um die gleichen Kunden, die zahlenmäßig auch nicht mehr werden. Viele Kunden scheinen das regelrecht zu genießen und auszunutzen, frei nach dem Motto „Ich bin ein potenzieller Kunde, was tut ihr denn für mich, damit ich mein Geld bei Euch lasse …?"

Zudem herrscht heute in nahezu allen Bereichen eine unsägliche „Schnäppchenmentalität" vor, gepaart mit einem jedoch nicht unbedingt dazu passenden Anspruchsdenken in Bezug auf Qualität und Service. Passt dem Kunden dann etwas nicht, wird das schnell in die Welt hinausposaunt – unzähligen Bewertungsportalen und sozialen Netzwerken sei Dank. Es fehlt vielen Menschen heute scheinbar das rechte Maß und eine realistische Einschätzung von Preis und Leistung, oder sie erkennen einfach den Zusammenhang nicht.

Anders kann ich es mir z. B. nicht zu erklären, dass sich Menschen wundern und beschweren, wenn der beim Discounter gebuchte 7-tägige All-inclusive Urlaub inkl. Flug für 349,00 EUR kein 5-Sterne-Niveau hatte oder das Sonntags-all-you-can-eat-Brunch-Buffet für 6,95 EUR mit den Groupon- Gutscheinen keine zehn verschiedenen Kaffeespezialitäten bereitgehalten hat ….

Ich bin nun seit über 15 Jahren im Eventbereich tätig und auch hier hat sich in den letzten Jahren eine sehr negative Entwicklung vollzogen. Wertschätzung für unsere Arbeit ist quasi gar nicht mehr zu erwarten, stattdessen hoher Kosten- und Termindruck, der von fachlich häufig schlecht ausgebildeten Mitarbeitern auf Kundenseite mit Nachdruck durchgesetzt wird.

Viele Projektanfragen sind rein einkaufsgetrieben und werden daher ausgeschrieben. Um eine vermeintliche Vergleichbarkeit der Anbieter zu erreichen, werden dazu Excel-Templates erstellt, in die dann Preise einzutragen sind, die mit der tatsächlich zu erbringenden Leistung aber oft rein gar nichts zu tun haben. Auf eine inhaltliche Ebene kommt man in der Regel auch auf Nachfragen gar nicht.

Erhält man dann (manchmal zufällig) tatsächlich den Zuschlag, geht der Kunde jedoch von einer Flatrate aus, egal wie sich die Anforderungen im Projektverlauf später noch verändern.

Nachkalkulationen sind dann meist nicht mehr möglich, schließlich sei man ja der Spezialist und hätte halt vorher fragen müssen – ganz schön schizophren dieses Verfahren …

Eine ebenfalls bedenkliche Entwicklung ist es, im Nachgang zu Projekten, teils Wochen später, irgendwelche vermeintlichen Mängel zu reklamieren und aus diesem Grund dann Teile der Rechnung erst einmal nicht zu bezahlen. Das kann für ein kleines Unternehmen schnell existenzbedrohend werden. Kunden wissen das und ich behaupte, sie kalkulieren das sogar bewusst mit ein. Da man auch hier mit dem Kunden meist ganz schlecht oder gar nicht auf eine sachliche und inhaltliche Ebene kommt und eine rechtliche Auseinandersetzung nur weiteres Geld (und Zeit) kostet, bleibt einem dann oft nichts anderes übrig als sich zu irgendeinem finanziellen Nachlass drängen zu lassen, um zumindest einen Teil seiner Forderungen zu erhalten. Ich denke vor allem viele Handwerksbetriebe können hiervon ein Lied singen.

Das ist ein wichtiger Aspekt, der bei der Annahme man müsse doch gerade am Anfang möglichst jeden Kunden annehmen oder jedes Projekt machen, häufig vergessen wird. Vielfache Nachbesserungen oder Mehrleistungen, Rücknahmen oder Umtauschaktionen, Nachlässe oder Rabattierungen auf Folgeaufträge usw. können dazu führen, dass sich solche Aufträge und damit Kunden am Ende nicht mehr rechnen!

Ich möchte natürlich nicht alle Kunden über einen Kamm scheren und ich bin auch nicht gegen Service- und Kundenorientierung. Natürlich gibt es auch berechtigte Kritiken oder Beschwerden von Kunden, sei es das verkaufte Produkte fehlerhaft sind oder versprochene Eigenschaften nicht erfüllen oder aber das Serviceleistungen nicht korrekt durchgeführt wurden. Es gibt natürlich auch Chefs und Mitarbeiter, die Fehler machen oder vielleicht mal einen schlechten Tag haben und Kunden oder Gästen dadurch Anlass zu Kritik und Unmut geben. Damit muss dann selbstverständlich professionell, fair und kundenorientiert umgegangen werden, das gehört zum „Chef- oder Unternehmersein" dazu.

Irgendjemand, ich glaube es war das „Verkaufstrainer-Urgestein" Hans Uwe Köhler, hat mal gesagt, „der Kunde ist kein König, aber er wird behandelt wie einer". Dem würde ich bis zu einem gewissen Grad zustimmen, allerdings den Satz „der Kunde wird königlich behandelt, wenn er sich auch königlich verhält" ergänzen. Entscheidend ist aus meiner Sicht eben, dass es fair zugeht, auch wenn dieses Wort oder diese Verhaltensweise heute etwas aus der Mode gekommen zu sein scheint.

Fair heißt, Kritik oder Beschwerden werden konkret, sachlich und möglichst emotionsfrei geäußert und es wird dem vermeintlichen „Verursacher" die Gelegenheit und die Zeit gegeben, dazu Stellung zu nehmen. Dann kann man damit auch vernünftig, angemessen und auf Augenhöhe mit dem Kunden umgehen und gemeinsam eine Lösung finden.

Fair heißt nicht, unhöflich oder laut zu werden, pauschal und unsachlich herumzumeckern, Mitarbeiter runterzumachen, Geld zurückzuhalten oder unverschämte Forderungen zu stellen, die weit über einen, wenn überhaupt, entstandenen „Schaden" hinausgehen.

Was macht man aber nun als Selbstständiger mit solchen Kunden?
Meine Antwort ist so knapp wie einfach – trennen Sie sich perspektivisch von diesen Kunden und verzichten Sie

künftig auf Aufträge und Projekte mit schwierigen und unfairen Kunden!

Das schont am Ende nicht nur Ihren Geldbeutel, sondern auch Ihre und die Nerven Ihrer Mitarbeiter. Ich kann Ihnen aus eigener Erfahrung sagen, dass es sehr gut tut, einem ungeliebten Kunden selbstbewusst und bestimmt abzusagen. Welche Begründung Sie anfügen, bleibt dabei natürlich Ihnen überlassen und kann auch situationsbedingt variieren. Haben Sie z. B. nur mit einzelnen Personen auf Kundenseite immer wieder Schwierigkeiten oder ist einfach das einzelne angefragte Projekt oder ein einzelner Auftrag absehbar problematisch (z. B. aus Timing- oder Budgetgründen), dann kann es durchaus sinnvoll sein z. B. Kapazitäts- oder Terminprobleme anzugeben und sich so die Möglichkeit von künftigen Anfragen weiter offen zu halten und beim nächsten Mal einfach neu zu bewerten und neu zu entscheiden.

Möchten Sie definitiv gar nicht mehr für oder mit diesem Kunden arbeiten, dann sollten Sie dies auch freundlich aber klar und deutlich so kommunizieren. Dies ist nicht nur konsequent, sondern wirkt ebenfalls sehr befreiend. Diese Klarheit führt zudem dazu, dass das „Thema" aus ihrem Kopf ist. Sie denken über diesen Kunden oder seine Projekte nicht mehr nach und Sie ärgern sich auch nicht mehr darüber. Ihre bewusste Entscheidung gegen einen Kunden oder ein Projekt, Ihr aktives Handeln, lässt Sie wachsen und stärkt Ihr Selbstbewusstsein.

Auch für Ihre Mitarbeiter ist eine Absage an einen Kunden ein sehr wichtiges und auch wertschätzendes Statement. Ich habe es einige Male erlebt, dass Mitarbeiter regelrecht stolz auf Ihre Chefs waren, wenn diese einem ungeliebten Kunden absagten, statt ihre Mitarbeiter dazu zu bringen unter „Schmerzen" ein Projekt oder einen Auftrag umzusetzen und sie damit großem Stress auszusetzen.

Als Selbstständiger entscheiden Sie selbst, welche Kunden Sie haben möchten!
Was jetzt so einfach klingt, ist natürlich ein mitunter längerer Prozess auf Basis Ihrer persönlichen Lern- und Erfahrungskurve. Kein Kunde ist ja von vorneherein als ein schwieriger Kunde erkennbar und manch einer entwickelt sich sogar erst im Verlauf einer, vielleicht Anfangs sogar harmonischen, Geschäftsbeziehung in eine solche Richtung. Sei es, das Ansprechpartner auf Kundenseite wechseln oder aber der interne (Kosten) Druck auf Kundenseite irgendwann steigt und Sie dadurch der Leidtragende sind. Eine vollständige Beendigung der Kundenbeziehung sollte natürlich auch das letzte Mittel sein, wenn Gespräche, Mediation oder vielleicht auch veränderte Zuständigkeiten in der Abwicklung zu keiner Verbesserung in der Zusammenarbeit geführt haben.

Wichtig ist, dass Sie sich bewusst machen, dass nur Sie selbst entscheiden, für und mit wem Sie arbeiten wollen!
Natürlich hat ein solches Handeln Konsequenzen. Nämlich diese, dass Sie den verlorenen Umsatz an anderer Stelle kompensieren müssen. Das bedeutet, andere Kunden, Aufträge und Projekte zu akquirieren und vertrieblich aktiv zu werden. Das kann zunächst natürlich anstrengend sein, ich möchte Ihnen nur deutlich vor Augen führen, dass Aussagen wie „Ich muss das ja machen" oder „Ich kann mir meine Kunden ja schließlich nicht aussuchen"

so definitiv nicht richtig sind. Wenn Sie mehr über die Themen Eigenverantwortung und Endscheidungen lesen möchten, empfehle ich Ihnen wärmstens das Buch „Die Entscheidung liegt bei Dir!" von Reinhard K. Sprenger.

Als Basis für Ihre Entscheidungen sollten Sie zwei Aspekte heranziehen:

Zum einen müssen Sie Ihre Zahlen kennen bzw. im Griff haben. Projekte und Aufträge müssen sauber (nach) kalkuliert werden und Sie müssen nachvollziehen können, ob sich Projekte rechnen oder nicht und wenn nicht, warum und an welchen Stellen das Geld tatsächlich verloren geht.

Es kann natürlich Gründe geben, auch einmal Aufträge anzunehmen, die sich schlecht oder gar nicht rechnen. Sei es, dass Sie dadurch bei einem Wunschkunden den Fuß in die Türe bekommen oder diesen Kunden gerne als Referenz hätten. Auf Dauer machen solche Aufträge jedoch keinen Sinn. Viele Selbstständige machen sich hier aber oft lange selbst etwas vor oder sind kaufmännisch überfordert, sobald es mit einer einfachen Einnahmen/Überschuss-Rechnung nicht mehr getan ist.

Zum anderen müssen Sie für sich Ihre persönlichen Werte und Wertvorstellungen definieren, sowie Maßstäbe und Grenzen festlegen, bis zu denen Sie bereit sind, in Kundenbeziehungen zu gehen. Erfahrungsgemäß verändert sich diese Grenze immer wieder, insbesondere je älter Sie werden, Kinder bekommen oder je länger Sie im Geschäft sind. Auch wenn das Leben eben kein Wunschkonzert ist, so fragen Sie sich von Zeit zu Zeit immer mal wieder, wer Ihre Wunsch- oder Zielkunden sind, warum das Ihre Wunschkunden sind und wie Sie diese bekommen.

Grundsätzlich müssen Kundenbeziehungen immer aktiv gemanagt und betreut werden und das ist parallel zum Vertrieb auch eine der wesentlichen, wenn nicht **die** wesentliche Aufgabe in jeder Selbstständigkeit. Mit welchen Kunden Sie arbeiten, bleibt aber immer Ihre Entscheidung!

Fazit

Gute Kundenbeziehungen sind wichtig, aber harte Arbeit. Diese gehört zu den Kernaufgaben eines jeden Selbstständigen. Schlechte Kundenbeziehungen oder unfaire und unverschämte Kunden verursachen auf Dauer Stress und belasten Ihre Nerven und Ihr Portemonnaie.

Die Entscheidung, mit welchen Kunden Sie zusammenarbeiten wollen, liegt aber einzig und alleine bei Ihnen! Von Kunden, deren Aufträge sich auf Dauer nicht rechnen oder von Kunden mit denen Sie auf der menschlichen Ebene nicht zusammenarbeiten können oder wollen, sollten Sie sich trennen – je eher desto besser. Investieren Sie Ihre Energie lieber in die Akquise Ihrer Wunsch- und Zielkunden, statt in dauerhaften Stress mit schwierigen Bestandskunden. **Starke Unternehmer wachsen an „NEINs".**

Literatur

Dobelli R (2014) Die Kunst des klaren Denkens: 52 Denkfehler, die Sie besser anderen überlassen. dtv Verlagsgesellschaft, München

Sprenger R (2015) Die Entscheidung liegt bei Dir. Campus, Frankfurt

Wikipedia (Hrsg) (2017) Planung. https://de.wikipedia.org/wiki/Planung. Zugegriffen: 5. April 2017

3

Die Interviews: 10 Unternehmer über ihre stressigsten Projekte und Erfahrungen sowie ihre persönlichen Anti-Stress-Tipps

Die spannendsten und interessantesten Geschichten schreibt das Leben

Sie haben im ersten Teil nun einiges aus meinem eigenen persönlichen und unternehmerischen Werdegang erfahren. In die Zusammenstellung und Aufbereitung der 10 Stressfaktoren für Selbstständige, habe ich zudem sehr viele Aspekte aus meinen Coachings, Gesprächen und Beratungen mit anderen Selbstständigen einfließen lassen.

Im zweiten Teil möchte ich nun einige Unternehmer selbst zu Wort kommen lassen, die von ihren stressigsten Erlebnissen oder Projekten berichten und Ihnen darüber hinaus ihre persönlichen Anti-Stress-Tipps verraten.

Ich selbst lese, neben diversen Fach- und Sachbüchern, am liebsten Biografien von interessanten und/oder erfolgreichen Menschen. Diese persönlichen Geschichten sind lebendig und fesseln mich oft von der ersten bis zur letzten

M. Schettler, *Der Anti-Stress-Trainer für Selbstständige*,
DOI 10.1007/978-3-658-17068-4_3

Seite. Oft erkenne ich mich selbst oder Situationen wieder und es ist für mich hochinteressant zu erfahren, wie andere Menschen mit diesen Situationen umgegangen sind, was sie bewegt und erreicht haben.

Ich bin sehr froh, das sich insgesamt zehn Unternehmer bereit erklärt haben, Sie für dieses Buch an ihren Geschichten und Erlebnissen teilhaben zu lassen. Das ist wahrlich nicht selbstverständlich und ich sage an dieser Stelle noch mal ein großes Dankeschön an alle, die meine Fragen so bereitwillig beantwortet und der Veröffentlichung zugestimmt haben.

Die Bandbreite reicht dabei von einer freien Traurednerin und Hochzeitsplanerin, die gerade als Solo-Unternehmerin gegründet hat, bis hin zum Inhaber und Geschäftsführer einer der größten inhabergeführten Eventagentur-Gruppen in Deutschland mit über 200 Mitarbeitern.

So unterschiedlich die Unternehmen und Unternehmer, so unterschiedlich sind auch die Themen, die diese Unternehmer bewegt haben oder im Alltag bewegen.

Ob Wirtschaftskrise oder Flutkatastrophe, ob Mitarbeiterführung oder Liquiditätsengpässe – jeder erlebt Stress oder stressige Situationen auf seine ganz eigene Weise und hat im Laufe der Zeit auch seine eigene Art und Weise gefunden, damit angemessen umzugehen.

Ich würde mich freuen, wenn Sie auch von diesen Geschichten etwas mitnehmen können.

Ich habe jedem Interview ein kurzes Porträt vorangestellt, damit Sie einen ungefähren Einblick in die Art und Weise sowie die Tätigkeiten der Unternehmer bekommen. Für weitere Informationen habe ich zudem die Internetadresse(n) der Interviewpartner aufgeführt.

Noch mal viel Spaß beim Lesen und spannende Impulse und Erkenntnisse!

3.1 Hendrik Habermann, Geschäftsführender Gesellschafter der t.ü.t.e gmbh und der habermann hoch zwei gmbh

Gemeinsam mit seinem Bruder Hartwig ist Hendrik Habermann Inhaber und Geschäftsführer gleich zweier Unternehmen. Die habermann hoch zwei gmbh ist eine Marketingagentur für gegenständliche Kommunikation und hat sich auf die Gestaltung und Produktion hochwertiger und innovativer Werbemittel, Präsente und Mailingverstärker spezialisiert. Mit der t.ü.t.e gmbh entwerfen und produzieren die beiden Brüder hochwertige Tragetaschen, Kartonagen oder Verpackungen für namhafte Unternehmen und Marken.

Gegründet im Jahr 2004, beschäftigen die beiden Unternehmen, die ihren Sitz in Dormagen haben, heute 20 festangestellte Mitarbeiter in den Bereichen Design, Produktion und Vertrieb. Hendrik Habermann ist zudem ein erfolgreicher Autor von Fach- und Buchbeiträgen und als Speaker und Referent für Unternehmer unterwegs.

www.tuete.com
www.habermann.info
www.hendrikhabermann.com

1. Was war mein stressigstes Projekt oder Erlebnis?

Mein stressigstes Erlebnis war die Wirtschaftskrise im Jahr 2009. Diese hat uns seinerzeit völlig unvorbereitet getroffen und fast in die Insolvenz geführt. Ende 2008 waren wir, vier Jahre nach der Gründung, noch immer voll in der Wachstumsphase und hatten dementsprechend unternehmerische Entscheidungen für die Zukunft und die weitere Expansion getroffen. Wir waren nur auf Wachstum programmiert. Doch plötzlich war alles ganz anders. Plötzlich galt Krisenmodus.

So waren wir 2009 zum Beispiel mit der Einführung eines SAP-Systems beschäftigt, als die Krise über uns hereinbrach. Innerhalb kürzester Zeit verloren wir fast die Hälfte unseres Umsatzes, langjährige Kunden reduzierten ihre Bestellungen oder stellten die Geschäftsbeziehung vollständig ein.

Ein Handbuch oder eine Anleitung, was in einem solchen Fall zu tun ist, gab und gibt es für Unternehmer nicht und so kam es, dass wir viele notwendige Entscheidungen nur zögerlich und oft zu spät getroffen haben. In der Krise fiel uns erst auf, dass viele Zuständigkeiten zwischen meinem Bruder und mir völlig ungeklärt waren und wir daher oftmals erst mühsam Konsens für bestimmte Entscheidungen, wie zum Beispiel die Trennung von Mitarbeitern, herbeiführen mussten.

„Wenn Du erkannt hast, was notwendig ist, dann musst Du es auch durchziehen!"

Auch wenn der Satz abgedroschen klingen mag, aber letztlich sind wir gestärkt aus der Krise hervorgegangen. Wir haben unser Geschäftsmodell verändert, Nischen gesucht und uns neu positioniert und spezialisiert. Die Kundenstruktur hat sich ebenfalls gravierend verändert. Haben wir früher mit wenigen Großkunden große Umsätze gemacht, so sind wir heute deutlich breiter aufgestellt und nicht mehr abhängig von einem oder mehreren Kunden.

So hart die Zeit damals auch war und so viele schlaflose Nächte sie auch verursacht hat – am Ende hatte die Krise auch etwas Gutes. Eine Krise zwingt Dich nämlich besser zu werden; nur aus Erfolgen lernst Du als Unternehmer nichts!

2. Welche Themen lösen in meinem Unternehmer-Alltag bei mir Stress aus?
Hier würde ich zwei Dinge nennen: Mich stressen schwierige oder unangenehme Entscheidungen, die Menschen betreffen. Dazu gehören zum einen die, manchmal unvermeidbare, Trennung von Mitarbeitern, aber auch Schwierigkeiten mit Partnern, Lieferanten oder Kunden, die vielleicht nicht aufgelöst oder für alle zufriedenstellend geklärt werden können. Am Ende werden diese Gespräche oft emotional, weil Erwartungen enttäuscht wurden oder sich diese Menschen verletzt fühlen.

Ebenfalls in Stress gerate ich bei Themen oder Schwierigkeiten, die Auswirkungen auf die Liquidität des Unternehmens haben. Kunden, die Rechnungen zu spät bezahlen, Qualitätsmängel, für die Kunden Nachlässe einfordern oder sicher geglaubte Aufträge, die dann doch nicht kommen – das alles sind Dinge, die bei mir die Alarmglocken läuten lassen und auf die ich emotional stark reagiere.

Die Erlebnisse aus dem Jahr 2009, wo ich teilweise um jeden Tag froh war, an dem wir keine Insolvenz anmelden mussten, haben mich hier sicherlich sehr geprägt und sensibilisiert. Das hängt mir nach. Es ist vielleicht ein bisschen wie in der Kriegsgeneration, die nichts wegwerfen kann, weil sie Mangel erfahren hat. Ich kann zwar vieles loslassen, aber das Gefühl von damals möchte ich nie wieder erleben. Wahrscheinlich wird es mein ganzes Unternehmerleben prägen.

3. Was ist mein persönlicher „Anti-Stress-Tipp"?

Es klingt vielleicht banal, aber meine Empfehlung ist es, Stress gar nicht erst entstehen zu lassen. Ich führe zum Beispiel heute unsere Mitarbeiter deutlich unmittelbarer und direkter als früher. Ich habe gelernt und mir angewöhnt, meine Erwartungen an den Mitarbeiter klar und konkret zu kommunizieren und mit dem Mitarbeiter Einigkeit über unsere Ziele, seine Aufgaben und Vorgaben zu erzielen.

Gibt es in der Zusammenarbeit Probleme oder unterschiedliche Auffassungen, so spreche ich diese heute entweder sofort oder zumindest sehr zeitnah und ebenfalls so konkret wie möglich an – ohne Umschweife. So kommt es in Mitarbeitergesprächen heute kaum noch zu emotionalen und unklaren Vorhaltungen über Dinge, die Wochen oder Monate zurückliegen und an die sich niemand mehr im Detail erinnern kann.

In Sachen Finanzen haben wir uns nach den Erfahrungen in der Krise ebenfalls besser aufgestellt. Wir planen heute deutlich vorausschauender und kennen unsere Zahlen auch sehr viel besser.

Wir sind zudem viel näher am Kunden und spüren Veränderungen oder Rückgänge hier deutlich früher als vorher und können damit entsprechend gegensteuern. Diese Dinge haben mir geholfen, meinen Stresslevel deutlich zu reduzieren.

Und last but not least – ich mache mir keine Gedanken mehr darüber, was andere denken. Ich beschäftige mich nur mit der Frage „Wie kommen wir weiter?" und nicht mit der Frage „Wem gefällt das?".

3.2 Ingemar Maier, Gründer und Inhaber, kleidungsladen.de

Im Jahr 2011 gründete Ingemar Maier im oberbayerischen Siegsdorf einen Onlineshop für fair gehandelte und nachhaltige Bekleidung. Die Geschäftsidee beruht auf dem Gedanken, modebewussten Menschen qualitativ hochwertige, gut aussehende und unter fairen Bedingungen produzierte Kleidung aus Biomaterialien anzubieten.

Das Unternehmen nutzt verschiedene Vertriebskanäle. So gibt es den Internethandel mit eigenem Onlineshop als auch den Verkauf über unterschiedliche Onlinemarktplätze. Zudem betreibt Ingemar Maier mittlerweile zwei Filialen und immer wieder temporäre Pop-Up-Stores.

Durch die Konzeption von eigenen Bekleidungsstücken und deren Verkauf wurde außerdem schon früh eine eigene Marke kreiert. Auch hier gilt: nur faire und ökologisch korrekte Qualitäten.

www.kleidungsladen.de

1. Was war mein stressigstes Projekt oder Erlebnis?

Im August 2012 habe ich, zunächst als Pop-Up-Store, ein Ladengeschäft in der Passauer Innenstadt angemietet. Durch die positive Entwicklung, entschloss ich mich nach drei Monaten, aus dem Pop-Up- Store ein „festes Geschäft" zu machen.

Durch den unkonventionellen Ladenbau, häufige Veranstaltungen im Laden (DJ-Abende) und ein Sortiment weit weg von den üblichen „Mainstream-Marken" habe ich es schnell zu einer guten Stammkundschaft und festen Umsätzen geschafft.

Nach nur zehn Monaten wurde Passau dann von der zweitschlimmsten Flutkatastrophe in der Geschichte der Stadt heimgesucht. Der Laden wurde mithilfe zahlreicher Freunde vorsorglich noch in der Nacht weitestgehend leer geräumt, um die Ware vor der nahenden Flut zu schützen. Durch das Innwasser wurde das Ladengeschäft binnen weniger Stunden komplett geflutet und stand zwischenzeitlich bis zu einer Höhe von 1,60 m unter Wasser. Die Ware wurde zunächst im Dachboden des Gebäudes zwischengelagert und nach dem Rückgang des Wassers in mein Lager nach Siegsdorf gebracht.

Durch das Hochwasser entstand ein enormer Schaden, nicht nur im Laden selbst. Obwohl die Ware rechtzeitig verräumt wurde, nahm sie durch Feuchtigkeit und Dreck doch einen deutlichen Schaden und konnte nur noch stark reduziert verkauft werden. Dieser Verlust und der Umsatzausfall durch die folgenden monatelangen Sanierungsarbeiten haben das Unternehmen so kurz nach der Gründung stark angeschlagen.

Die Ladenfläche war selbst sechs Monate nach der Katastrophe noch nicht wieder voll bezugsfertig, sodass ich mich erst einmal nur auf den Betrieb des Onlineshops konzentriert habe. Die fehlenden Umsätze waren jedoch gravierend und haben mir viele schlaflose Nächte bereitet. Zudem musste ich umgehend neue Ware ordern, was zusätzlich erhebliche finanzielle Belastungen mit sich brachte. Diese Zeit habe ich wirtschaftlich letztlich nur durch zusätzliche Jobs, die ich parallel annehmen musste, überstanden, was für mich jedoch weiteren körperlichen wie seelischen Stress bedeutet hat.

2. Welche Themen lösen in meinem Unternehmer-Alltag bei mir Stress aus?
Als Einzelunternehmer ist man es gewohnt auf sich selbst angewiesen zu sein und auch Tätigkeiten ausführen zu müssen, welche einem nicht unbedingt Freude bereiten oder zu seinen persönlichen Stärken zählen. Gerade im Alltag neigt man dazu, gerade diese ungeliebten Aufgaben immer wieder zu vertagen. Wenn die „To-do-Liste" irgendwann immer länger und unübersichtlicher wird, muss man damit anfangen, diese Tätigkeiten abzugeben um nicht völlig unterzugehen.

Ich musste erst begreifen, dass man auch als Selbstständiger nicht alles selbst können kann und muss! Dieser Prozess sollte aber er schon früh einsetzen, um sich nicht selbst im Wege zu stehen.

Bei mir hat gerade dieses „Alles-am-besten-gleichzeitig-Schaffen-wollen" immer wieder einen unterbewussten Stress ausgelöst. Ich kam mir vor wie in dem berühmten Hamsterrad, welches immer schneller zu laufen scheint und aus dem es keinen Ausweg gibt. Heute habe ich das besser im Griff, bin aber immer noch nicht völlig frei davon.

3. Was ist mein persönlicher „Anti-Stress-Tipp"?

Ich arbeite generell zwar gerne unter Druck, dieser sollte aber wie oben geschrieben, nicht durch das Abarbeiten von zu vielen zweitrangigen Aufgaben und Tätigkeiten bestimmt sein.

Dem Gefühl, nicht mehr hinterher zu kommen, kann man sich nur durch die Abgabe von einzelnen Aufgaben oder ganzen Teilbereichen entziehen. Hierfür die richtigen Personen zu finden und diese vernünftig einzuarbeiten, kann sich natürlich schwierig und anstrengend gestalten, zahlt sich langfristig aber in jedem Fall aus. Ich kann daher nur jedem Selbstständigen empfehlen, Aufgaben die nicht zwingend selbst erledigt werden müssen, rechtzeitig zu delegieren.

Ein weiterer wichtiger Punkt, um Stress abzubauen oder gar nicht aufkommen zu lassen, war bei mir auch die klare Trennung von Arbeitsplatz und Wohnung. Gerade Solo-Unternehmer tappen hier schnell in die Stressfalle, wenn gerade am Beginn der Selbstständigkeit vieles von zu Hause erledigt werden muss. Mit der Schaffung meines Ladengeschäfts mit angeschlossenem Lager und Büro, kann ich nach dem abendlichen Abschließen tatsächlich ins Privatleben springen, ohne mich nach Feierabend doch noch mal an den Schreibtisch zu setzen.

Zudem versuche ich feste Zeiten einzuhalten, in welchen ich handy- und laptopfrei unterwegs bin. Mittlerweile gelingt es mir sogar immer häufiger: ein ganzer Sonntag ohne Internet.

3.3 Miike Keppler, Geschäftsführender Gesellschafter der Akademie für Coaching, Gesundheit und Führung GmbH

Miike Keppler arbeitet als Ausbilder und Prüfer von Business Coaches für verschiedene Bildungsträger und blickt darüber hinaus auf eine langjährige Erfahrung als Unternehmer, Führungskraft und Geschäftsführer in kleinen und mittelständischen Unternehmen zurück. Seit 11 Jahren berät, coacht und trainiert der studierte Pädagoge und Coach Führungskräfte, Manager, Geschäftsführer, Unternehmensgründer und –Inhaber in Deutschland und England.

Im Jahr 2014 gründete er die Akademie für Coaching, Gesundheit und Führung GmbH mit Sitz in Erftstadt. Er beschäftigt heute drei feste Mitarbeiter sowie zahlreiche freie Dozenten, Trainer und Coaches. Zusätzlich hat er einen Lehrauftrag in Personalwirtschaft an der HAWK (Hochschule für angewandte Wissenschaft und Kunst Hildesheim, Göttingen, Holzminden).

www.akademie-cgf.de
www.business-coach-koeln.com

1. Was war mein stressigstes Projekt oder Erlebnis?
Hier fallen mir zwei Erlebnisse ein, die aber miteinander zusammen hängen, wenn auch zeitlich um gut zwei Jahre versetzt. Das erste hängt mit der Gründungsphase der Akademie zusammen. Ein Bildungsträger, mit dem ich bereits lange Jahre zusammengearbeitet hatte, wollte einen

kompletten Ausbildungsgang vollständig auslagern. Ich war für diesen Ausbildungsgang bereits als Dozent tätig und so ergaben sich intensive Gespräche über die Möglichkeit, diesen Lehrgang vollständig zu übernehmen. Die Zusage des Bildungsträgers veranlasste mich letztlich zur Gründung der Akademie. Mit der Aussicht, künftig nicht „nur" die Inhalte zu liefern, sondern Lehrgänge als Bildungs-Veranstalter vollständig durchzuführen und in der Erwartung, auch weitere Lehrgänge übernehmen zu können, hielt ich die GmbH-Gründung für eine solide Idee.

Businesspläne wurden geschrieben, Bankgespräche geführt und weitere Gesellschafter mit ins Boot genommen. Kurz vor dem Notar-Termin dann der Schock: Der Bildungsträger zog seine Zusage zurück, mir die Organisation des Lehrgangs vollständig zu übertragen. Welche Gründe letztlich dazu geführt hatten, habe ich bis heute nie vollständig erfahren. Ich zog die Gründung der GmbH trotzdem durch und arbeitete zunächst in der bewährten Konstellation als Dozent und Trainer mit dem Bildungsträger weiter. Über die folgenden Jahre ergab sich dann doch eine engere Kooperation und weitere Lehrgänge wurden gemeinsam entwickelt und von der Akademie durchgeführt.

Im Dezember 2016 dann der zweite Schock. Ich bekam einen Anruf von der Geschäftsführung des Bildungsträgers mit der Bitte um ein kurzfristiges Gespräch. In diesem eröffnete man mir dann kurz und bündig, dass die Zusammenarbeit neu aufgestellt werden müsse. Was war passiert? Offenbar hatte sich eine Teilnehmerin eines Moduls über die Inhalte und die Umsetzung einiger Coaching-Übungen direkt bei der Geschäftsführung beschwert und mich als Dozent dabei massiv belastet. Ohne meine Meinung oder die anderer Kursteilnehmer dazu anzuhören, teilte man mir mit, das neue Projekte erst einmal auf Eis gelegt seien und man den Coaching-Lehrgang wieder vollständig zu sich ins Haus holen werde. Als Dozent dürfe ich bleiben (wie paradox ...), aber meine Akademie könne nicht mehr die volle Verantwortung und Organisation der Ausbildungen übernehmen.

Die folgenden Tage waren mehr als stressig. Nicht nur, dass ich mich extrem ungerecht behandelt gefühlt habe, ich war menschlich einfach unheimlich enttäuscht. Mehr als zehn Jahre einer guten Zusammenarbeit, einfach von einem auf den anderen Tag aufgekündigt. Dazu die Frage, wie es denn nun weitergeht, auch für meine mittlerweile drei Mitarbeiter. Viel Zeit, Energie und letztlich auch Geld war schon in die Entwicklung neuer Lehrgänge und Formate investiert worden und von heute auf morgen wurde mir diese wirtschaftliche Grundlage nun entzogen. Die Neu-Organisation der Akademie auf die veränderten Verhältnisse beschäftigt mich bis heute und führt mich dabei auch direkt zu Frage 2.

2. Welche Themen lösen in meinem Unternehmer-Alltag bei mir Stress aus?

Den meisten Stress löst bei mir derzeit aus, immer wieder auf den eigentlichen Stress-Verursacher zu treffen. Ich bin, zunächst aus wirtschaftlicher Notwendigkeit, nach wie vor als Dozent und Trainer für den Bildungsträger tätig, auch wenn unser Vertrauensverhältnis natürlich nachhaltig gestört ist. Diese Situation, dort aber immer wieder hingehen zu müssen, ist sehr belastend. Verstärkt wird der Stress dadurch, dass der vermeintliche Vorfall bis heute nicht aufgelöst wurde und ich immer das Gefühl habe, unter Beobachtung zu stehen.

3. Was ist mein persönlicher „Anti-Stress-Tipp"?

Ich weiß, dass Stress oft durch enttäuschte Erwartungen entsteht. Wenn wir es schaffen, diese enttäuschten Erwartungen zu akzeptieren und zu integrieren, dann können wir daraus lernen und in anderen Situationen leichter oder gelassener damit umgehen.

Ich gebe Ihnen ein kleines Alltags-Beispiel, was sicherlich jeder von Ihnen schon erlebt hat. Ich stehe im Bahnhof und mein Zug hat Verspätung. Dadurch werden auch meine Anschlusszüge nicht erreicht, meine Platzreservierungen sind hinfällig und ich werde mit hoher Wahrscheinlichkeit deutlich zu spät zu meinem Termin kommen. Meine Erwartung, schön entspannt und pünktlich mit der Bahn zu reisen, wurde also massiv enttäuscht. Jetzt liegt es an mir: Ich kann mich fürchterlich aufregen, die Bahnbediensteten beschimpfen, mich über Facebook und Twitter beschweren, mich mit anderen Reisenden solidarisieren. Nur ändern kann ich die Verspätung definitiv nicht.

„Die Dinge haben die Bedeutung, die wir Ihnen geben"

Was kann ich tun? Stoppen! Ich kann die Welle an Emotionen, die hormonelle Ausschüttung wahrnehmen und erkennen. Anstatt, dass meine Emotionen jetzt mein Handeln bestimmen, nehme ich eine Beobachterrolle ein. Ich verändere meine Körperhaltung, nehme einen bewussten Atemzug, entspanne meinen Unterkiefer, meine Stirn oder meine Schultern. So mache ich mir bewusst, was gerade mit mir passiert und wie ich darauf reagieren WILL. Ich kann entscheiden, ob ich mich aufrege, ob ich die Situation akzeptiere oder ob ich ihr ggfs. sogar eine positive Seite abgewinnen kann.

Ein solches bewusstes Verhalten bzw. Reagieren, muss geübt werden und es lässt sich von mir gerade in kleinen Alltagssituationen, wie z. B. beim Autofahren (wer kennt das nicht?) für schwierigere Situationen trainieren. Diese Vorgehensweise hilft mir, mich selbst wertzuschätzen. Mit jeder gemeisterten Situation stelle ich fest, dass ich bewusst entscheiden und agieren kann, ob ich dem Stress bzw. der stressigen Situation die Macht über mich gebe. Probieren Sie das ruhig einmal aus. Es wird übrigens mit jedem Mal leichter.

„Observe, don't absorb!" – Serge Benhayon

3.4   Oliver Altus, Gründer und Inhaber von eventtool24.com in Leipzig

Im Jahr 2009 gründete Oliver Altus seine Firma eventtool24 in Leipzig. Zunächst ganz klassisch als Solo-Unternehmer, mit kleinem Garagenlager und einem Lieferwagen, begann er mit der Vermietung von Mobiliar und Gastronomieausstattung für Veranstaltungen. Seine Zielgruppe waren damals regionale Firmen sowie Privatpersonen.

Heute beschäftigt Oliver Altus 31 festangestellte Mitarbeiter und lagert auf einer Fläche von über 3000 qm rund 1200 Artikel. Vom einfachen Stehtisch und Barhocker über hochwertige Lounge-Möbel bis hin zu gastronomischen Groß- und Kleingeräten, Geschirr und Besteck, gibt es eigentlich nichts, was er an Eventausstattung nicht im Mietangebot hat.

Mit insgesamt vier LKW-Zügen und diversen Kleintransportern beliefert Oliver Altus heute Kunden im gesamten Bundesgebiet. Dazu zählen fast alle namhaften Eventagenturen aber auch Hotels und große Veranstaltungslocations.

www.eventtool24.com

1. Was war mein stressigstes Projekt oder Erlebnis?

Mein stressigstes Projekt hatte ich im Jahr 2011. Wir waren von einem großen Kunden beauftragt, im Rahmen der Messe „Gamescom", das Standcatering zur Eröffnungsparty für rund 600 Gäste zu organisieren. Gebucht waren insgesamt sechs komplette Hotdog-Stände sowie Getränke und passende Dekorationen und Mobiliar. Zwei große LKW waren mit dem Material auf dem Weg nach Köln, wo die Messe seinerzeit stattfand.

Die Hiobsbotschaft erreichte mich am frühen Mittag, etwa sechs Stunden bevor wir aufgebaut und „ready to start" sein sollten. Beide LKW standen im Stau und es war bereits absehbar, dass wir den avisierten Zeitplan nicht halten konnten. Kurz nach dem ich den Kunden über unsere voraussichtliche Verspätung informiert hatte, war klar: Der Stau würde aufgrund einer Vollsperrung noch einige Stunden andauern, die Ausführung des Auftrags war für uns somit unmöglich.

In diesem Moment fühlte ich mich, als ob mich jemand mit voller Wucht niedergeschlagen hat. Tausend Dinge gingen mir in dem Moment durch den Kopf. Wirtschaftliche Konsequenzen, wie eine drohende Vertragsstrafe, der Kunde und seine 600 Gäste, die nun ohne Catering eine Messeparty machen sollten usw.

Bis dato war ich es gewohnt, zu jedem Problem eigentlich immer eine Lösung zu finden. In diesem Fall war ich jedoch vollkommen ausgeliefert und machtlos. Nachdem ich mich einigermaßen gefangen hatte, rief ich zunächst den Kunden an, um ihn über den Stand der Dinge zu informieren. Leichtsinnig sagte ich ihm jedoch, dass unser Team bereits an einer Alternativlösung arbeiten würde und wir den Abend schon irgendwie retten würden.

In den folgenden Stunden gelang es uns, mit unzähligen Telefonaten tatsächlich einen lokalen Cateringanbieter zu finden, der so kurzfristig willens und überhaupt in der Lage war, die Verpflegung der Gäste zu übernehmen. Auf Hotdogs musste der Kunde zwar verzichten, aber der Abend konnte mit geringer Verspätung beginnen und war am Ende auch ein voller Erfolg. Dieser Kunde ist mir, trotz des Vorfalls, übrigens bis heute treu geblieben, weil wir letztlich das Problem lösen konnten.

2. Welche Themen lösen in meinem Unternehmer-Alltag bei mir Stress aus?
Mich stressen Situationen, in denen ich von anderen abhängig bin und wo ich die Dinge nicht selbst in der Hand habe. Ich arbeite Zeit meines Lebens in der

Eventbranche und gerade da muss man eigentlich ständig flexibel sein und sich oft unkonventionelle Lösungen für Ideen oder Probleme der Kunden einfallen lassen. Das ist oft eine Herausforderung, macht aber auch großen Spaß.

Kann ich Dinge jedoch nicht selbst beeinflussen oder bin ich Situationen oder anderen Personen hilflos ausgeliefert, dann gerate ich in Stress.

3. Was ist mein persönlicher „Anti-Stress-Tipp"?

Ich versuche genau die Situationen, wie ich Sie unter Punkt 2 beschrieben habe, zu vermeiden. Ich plane heute etwas großzügiger und baue mir deutlich mehr Puffer ein.

Das führt z. B. dazu, dass wir bei größeren Events auch mal einen Tag früher anreisen, übernachten und dann am Veranstaltungstag ausgeschlafen und mit deutlich weniger Zeitdruck aufbauen. Zeitkritische „just-in-time"-Aufträge versuche ich weitestgehend zu vermeiden.

Projekte, die absehbar Probleme bereiten, weil Timings zu knapp sind, sage ich heute auch schon mal ab. Früher habe ich das als sportliche Herausforderung gesehen, nach dem Motto „geht nicht, gibt's nicht …". Heute habe ich einen anderen Blick darauf, weil ich um die möglichen Konsequenzen weiß.

Zu guter Letzt versuche ich immer, mindestens ein Fahrzeug und eine Person als Springer am Lager vorzuhalten, um auf kurzfristige Probleme, Anforderungen oder Nachlieferungen reagieren zu können. Ganz stressfrei läuft es natürlich nie, es ist mir durch diese Maßnahmen aber gelungen, mein Stress-Level deutlich zu reduzieren.

3.5 Dr. Ulrike Lehmann, Gründerin und Inhaberin der Firma ART | Coaching und der Agentur PR | Orange

Dr. Ulrike Lehmann ist promovierte Kunsthistorikerin und PR-Beraterin. 2012 machte sie sich mit der Firma ART | COACHING und der Agentur PR | ORANGE selbstständig. „Kunst und Reden über Kunst" ist ihre Leidenschaft. „Kunst kann Kommunikation" ist ihre Überzeugung und ihr Motto. „Kunst und Wirtschaft zu verbinden" ist ihr erklärtes Ziel.

Als Art Coach begleitet sie den Weg zur Kunst und ist eine Art „Door Opener" zur Kunst. In Seminaren und Workshops leitet sie Führungskräfte, Teamentwicklungen, Konfliktmanagement und Kreativprozesse mit Kunst an.

Dr. Ulrike Lehmann „öffnet die Augen", schärft die Wahrnehmung und führt zu neuen Begegnungen mit Kunst und Künstlern.

www.art-coaching.info

www.pr-orange.de

1. Was war mein stressigstes Projekt oder Erlebnis?

Da gab es bisher drei Erlebnisse, die mir dazu einfallen: Der erste eigene Kunde, die erste große Veranstaltung als Unternehmerin und das erste freie Sprechen bzw. mein erster Vortrag bei einem TEDx-Kongress.

Alle Projekte waren mit hohem Arbeitsaufwand in der Vorbereitungsphase verbunden und der Unsicherheit: Klappt's oder klappt's nicht? Es waren Projekte, die ich als

Anfängerin in Angriff genommen habe, zwar schon mit Berufserfahrungen, aber nun erstmals als Unternehmerin auf Start-up-Level. Alle waren unmittelbar mit meiner Person und mit einer breiten Öffentlichkeitswirksamkeit verbunden.

Mit der Veranstaltung „Forum Wirtschaft *meets* Kunst", die ich ein halbes Jahr nach Unternehmensgründung realisierte, wollte ich Künstler und Unternehmer zusammenbringen, um einen Austausch und gegenseitiges Interesse zu aktivieren. Über 120 Gäste, 3–4 Redner und etwa 6–10 ausstellende Künstler/innen waren zu organisieren, die ich am Ende der ersten wie auch bei den dann folgenden drei Ausgaben des Forums zufriedenstellen konnte.

Auch die Vorbereitung zu meinem ersten TEDx-Vortrag war sehr zeitintensiv, weil hier die Faktoren „freie Rede in 18 Minuten", eben genau diese Zeiteinhaltung, Storytelling und die Aktualität der Botschaften und Bildauswahl stimmig sein mussten. Zudem wurde der Vortrag für YouTube und die TED-Plattform mit mehreren Kameras aufgezeichnet. Insofern waren die hohen Ansprüche des Formats und die Einhaltung der Bedingungen für mich erhebliche Stressfaktoren. Zuvor habe ich zwar schon viele Vorträge gehalten, jetzt sollte ich jedoch ohne Manuskript reden – und alles beim Auftritt behalten und überzeugend vorstellen.

2. Welche Themen lösen in meinem Unternehmer-Alltag bei mir Stress aus?

Der Cocktail von Ungewissheit, Angst, Zeitdruck, die Berücksichtigung vieler Dinge gleichzeitig und die eigenen Ansprüche machen mir den meisten Stress.

Ich habe hohe Erwartungen an mich selbst, denen ich gerecht werden will. Es muss alles zu meiner Zufriedenheit und der anderer laufen. Perfektion lautet da vielleicht das Zauberwort bei einem hohen Stresslevel. Scheitern oder Fehler will man sich gerade bei Erstlingsprojekten nicht zugestehen.

Denn man will alles gut machen, um sich mit dem Projekt Referenzen zu erweisen, Möglichkeiten zur Weiterempfehlung zu schaffen und nicht zu verbauen und um das Gesicht nicht zu verlieren. Da diese drei Projekte mit einem breiten Publikum verbunden waren, war der Stresslevel auch entsprechend mit Gewinn oder Verlust öffentlicher Reputation verbunden. Im „normalen" Arbeitsalltag sind Erledigungen unter Zeitdruck und Gleichzeitigkeit die häufigsten Stressfaktoren für mich.

3. Was ist mein persönlicher „Anti-Stress-Tipp"?
Das Beste ist: zwischendurch tief durchatmen, überzeugt von sich und der Sache, dem Projekt sein und selbstbewusst sagen: Das ist gut, was ich mache und ich schaffe das!

Da es nicht immer der Fall ist, dass ich a) von mir überzeugt bin, also mich und/oder das Vorhaben auch kritisch hinterfrage oder b) alles alleine in der Zeit schaffe, habe ich in den Fällen keine Scheu, die Unterstützung durch andere in Anspruch zu nehmen: Experten, Verbündete, Partner, Freunde oder kurzfristige und temporäre Einstellungen von Mitarbeitern.

Damit verteile ich den Stresslevel mental und die Arbeit real auf verschiedene Schultern und entlaste mich. Nicht zuletzt macht die Zusammenarbeit mit anderen Menschen auch mehr Spaß als das „Einzelunternehmertum".

3.6 Bastien Carrillo, Gründer und Geschäftsführer der Kita „Hansekinder" sowie Trainer, Speaker und Coach

Bastien Carrillo beschäftigt sich seit über 20 Jahren mit der Entwicklung des Potenzials von Menschen in Unternehmen. Bereits als Offizier bei der deutschen Marine brachte er Menschen dazu, das Beste aus sich herauszuholen. Sein Studium der Soziologie und Psychologie gewährten ihm tiefe Einblicke in die Funktionsweise des menschlichen Denkens und Handels. Mit Begeisterung und Spaß bringt er den Menschen die wichtigsten Impulse auf dem Weg zum Erfolg näher.

Als konsequente Weiterführung der Entwicklung von Menschen durch Führung und der Beschäftigung mit der Frage nach dem Sinn, gründete er im Jahre 2011 die „Kita Hansekinder", eine private Kindertagesstätte in Hamburg mit heute 30 festangestellten Mitarbeitern, die den knapp 100 anvertrauten Kindern tagsüber ein liebevolles zweites Zuhause bieten.

Die Essenz seiner Führungserfahrung existiert inzwischen auch als Onlinetraining, um Führungskräfte in Unternehmen zeiteffektiver zu trainieren als das mit einem klassischen Training möglich ist. Als Keynote-Speaker spricht er vor Menschen über die heutigen Herausforderungen der Führung.

www.kita-hansekinder.de
www.bastiencarrillo.com

Was war Dein stressigstes Projekt oder Erlebnis als Unternehmer?

Mein stressigstes Projekt als Unternehmer war der Betrieb einer Kita. Es war nicht die Gründung selbst, die mir zu schaffen gemacht hat. Es waren auch nicht die zum Teil absurden Gespräche mit Bankangestellten bezüglich der Kredite. Es war tatsächlich der Betrieb. Das Problem dabei: Wir hatten von dem Alltag einer Kita keine Ahnung. Und wir dachten, dass das kein Problem sei, denn dafür hatten wir ja Fachkräfte eingestellt. Doch auch diese Fachkräfte mussten geführt werden. Und es ist immer schwer, Menschen zu führen, von deren Tätigkeit man keine Ahnung hat. Es ist deshalb so schwer, weil man keinen inneren Kompass und kein Gefühl für die Tätigkeit und den Belastungsgrad hat.

Man stellt sich also permanent die Fragen: Verlange ich zu viel? Oder tanzen die Mitarbeiter mir mit ihren (unberechtigten) Klagen auf der Nase herum? Um das zu vermeiden, hätte man ein Praktikum über mehrere Wochen in unterschiedlichen Kitas als Hilfskraft absolvieren sollen. Diese Zeit hätte sich mehrfach gerechnet.

Die Tätigkeit eines Unternehmers zeichnet sich im Idealfall dadurch aus, dass er am und nicht im Unternehmen arbeitet. Bei einer Gründung muss man als Unternehmer allerdings an allen Stellen mitarbeiten, damit der Stein ins Rollen kommt und dann Einnahmen produziert werden können. Daher hatten wir von Anfang an auch eine Art Geschäftsführer eingestellt (Kita-Leitung), der uns das Alltagsgeschäft abnehmen sollte.

Doch stellte sich diese Personalwahl als Fehlbesetzung heraus, weil die Person sich eher wie eine Verwaltungskraft verhielt und sich in ihrem Büro verkroch, anstatt das Team aufzubauen und zu führen. Meine Lehre daraus: Keine Kompromisse beim Personal. Und erst recht keine Kompromisse beim Leitungspersonal. Sonst bist Du als Unternehmer nur noch dabei, die (meist emotionalen) Scherben wie ein Besenwagen beim Marathon aufzukehren und diese wieder zu kitten. Dann lieber gleich selbst führen und weiter nach einer fähigen Führungskraft Ausschau halten.

Welche Themen lösen bei Dir auch heute immer wieder Stress aus?

Es sind zwei Dinge, die bei mir auch heute noch immer wieder Stress auslösen:

Erstens, wenn es Mitarbeitern nicht gut geht. Ich möchte, dass es meinem Team gut geht. Allerdings musste ich einsehen, dass das nicht ausschließlich in meinem Einflussbereich liegt. Jeder Mensch reagiert anders auf konkrete Arbeitsbedingungen. Während ein sehr erfahrener Mitarbeiter gewisse Dinge aufgrund seiner Erfahrung zu schätzen weiß, nimmt ein junger Mitarbeiter die gleichen Umstände für das Mindeste an, was er ja wohl von seinem Arbeitgeber erwarten kann. Die Führung der Generation Y und jünger ist eine echte Herausforderung – und führt uns manchmal an den Rand des Machbaren.

Zweitens ist es die Liquidität. Wir führen eine Liquiditätsvorschau, die uns schon ein paar Mal gefährliche Entwicklungen hat erkennen lassen. Dadurch hatten wir die Chance, rechtzeitig darauf einwirken zu können. Die Liquidität ist kritisch für jedes Unternehmen, so auch für uns. Sinkt die Liquidität unter das Dreifache unserer monatlichen Kosten, werde ich leicht nervös. Am liebsten würde ich gerne sechs Monate ohne Umsätze überleben können, um genug Zeit für Gegenmaßnahmen zu haben – und nicht nur drei.

Aber es gab in der Gründungszeit Momente, wo wir liquiditätstechnisch wirklich nur noch die berühmte „Handbreit Wasser unter dem Kiel" hatten. Da musste ich tief durchatmen und mich auf mein Tagwerk konzentrieren, damit ich nicht in die Sorgen-Falle tappe.

Was ist Dein ganz persönlicher „Anti-Stress-Tipp" für Selbstständige?
Der meiste Stress entsteht bei mir dadurch, dass die Liquidität schrumpft – oder gefährlich gering wird.

Das lässt sich durch die Anwendung von relativ banalen Techniken lösen oder lindern:

1. Eine Liquiditätsvorschau. Ich verstehe es nicht, dass viele Selbstständige sich nur auf die BWA des Steuerberaters verlassen. Das ist so, als würde man mit dem Auto vorwärts fahren und anhand der Informationen aus dem Rückspiegel Entscheidungen über Fahrtrichtung und Geschwindigkeit fällen. Dabei ist eine Liquiditätsvorschau relativ einfach. Sie ist ein Blick in die Zukunft, der einen entweder ruhig schlafen oder fokussiert die Dinge tun lässt, die notwendig sind, um Liquiditäts-Engpässe zu vermeiden.
2. Betriebliche Fixkosten und Lebenshaltungskosten gering halten. Je weniger Geld ich persönlich pro Monat brauche und je weniger mein Unternehmen pro Monat braucht, desto leichter ist es, Liquidität zu halten oder gar aufzubauen.

3. Mit Deckungsbetrag kalkulieren, damit vom Umsatz auch Gewinn übrig bleibt. Das ist so banal. Aber fragen Sie mal Unternehmer, wie hoch bei einzelnen Produkten oder Dienstleistungen der jeweilige Deckungsbeitrag ist! Die wenigstens können Ihnen da klare Antworten liefern.

4. Konzentration auf Aktivitäten, die Umsatz produzieren. Kurzfristig und langfristig.

Den wichtigsten Anti-Stress-Tipp habe ich von meinem Coach erhalten: Dankbar sein!

Nicht zufrieden, dankbar. Wenn ich dankbar bin, kann ich mir keine Sorgen machen, kann ich keine Angst empfinden und werde innerlich ganz ruhig und gelassen. Und mit dieser Ruhe und Gelassenheit frage ich mich: „Was ist jetzt das Wichtigste, das Du jetzt tun solltest?"

Und wenn ich die Antwort habe, dann tue ich es.

3.7 Frank Kemper, Event-Specialist, Kommunikations-Experte und Projekt-Coach

Als Spezialist für knifflige Projekte ist Frank Kemper seit über 20 Jahren in der Event-, Entertainment- und Kommunikationsbranche tätig. Er hat dabei gleichermaßen für Dax-Konzerne als auch für mittelständische Unternehmen gearbeitet sowie für herausragende Unternehmerpersönlichkeiten wie den SAP-Gründer Dietmar Hopp und sein Family Office.

Ob als Koordinator der Eishockey WM 2010 mit einer Eröffnungsfeier mit über 77.000 Zuschauern, als Projekt-Direktor des weltweiten Markenrelaunch-Events von Skoda in Prag oder als Creative Producer der Stadion-Eröffnung von 1899 Hoffenheim – stets ist der gebürtige Norddeutsche Frank Kemper der ruhige Fels in der Brandung, der Herausforderungen und Stress mit einer nötigen Prise trockenem Humor annimmt und meistert.

Mit der von ihm gegründeten 3-pod live GmbH berät und coacht er heute Unternehmen und Agenturen bei Projekten in Deutschland, Europa und manchmal sogar bis nach China.

www.3-pod.de

www.kempercoacht.de

1. Was war mein stressigstes Projekt oder Erlebnis?

Mein stressigstes Projekt war das Ende eines sehr großen Firmen-Events vor ein paar Jahren. Die besonderen Herausforderungen waren die zur Verfügung stehende Zeit (sehr gering), die Größe der Veranstaltung (die größte Veranstaltung in der Firmengeschichte) und neue Entscheidungswege (die Hälfte des Vorstands war neu im Amt).

Konkret bedeutete dies für uns folgendes:

Großer Zeitdruck: Wir hatten etwa 4,5 Monate Zeit von den ersten Ideen, über die Planung bis zur Durchführung des Events. Zum Vergleich kalkuliert man in anderen vergleichbaren Projekten in dieser Größenordnung normalerweise 15–20 Monate innerhalb eines stringenten Projektplanes.

Dies bedeutete für uns als Projektteam nicht nur täglich längere Arbeitstage, sondern zwang uns zu einem

Vorgehen, dass mich an ein Motto aus meiner Schulzeit erinnerte, nämlich „Mut zur Lücke". Und dabei mit dem Unterschied und Bewusstsein, diese Lücke aber spätestens „übermorgen" schließen zu müssen. Zum Beispiel mussten wir die 5000 Gäste schon frühzeitig einladen, ohne genau zu wissen wie das Event aussieht, zu dem wir die Gäste einluden und in wie vielen Hotels wir die Gäste unterbringen würden.

„Mut zur Lücke" bedeutete hierbei also den Stresspunkt von „Unschärfe aushalten müssen" und gleichzeitig sicher zu sein, dass sich die Unschärfe auflösen würde. Für mich als Leiter des Projektteams bedeutet dies, Führungssicherheit und Zuversicht zu vermitteln und für mich persönlich die Unschärfe als positiv anzunehmen und nicht in Panik zu verfallen.

Neue Entscheidungswege: Da unsere Ansprechpartner beim Kunden ihre Führungsmannschaft bzw. den Vorstand nur zum Teil kannten, gab es keine eingespielten Prozesse und gelernten Entscheidungswege. In der Konsequenz führte dies im besten Fall zu einer leicht verzögerten Entscheidung mit einer dreifachen Schleife bis dann z. B. das endgültige Abend-Catering für die Gäste ausgesucht war.

Im schlechtesten Falle mussten wir hierzu aber in jeder einzelnen Schleife noch durch drei Abstimmungsgremien in der Hierarchie nach oben gehen und jedes Gremium wollte immer noch eine klitzekleine eigene Idee mitverarbeitet wissen. Und das verbunden mit dem oben erwähnten Zeitdruck, führte zu einem hohen Stresspegel nach dem Motto: „Warten auf Entscheidung".

Letztlich führte dies dann aber wiederum zu einem starken Zusammenhalt und der bewundernswerten Fähigkeit in unserem Team, unmittelbar aus einer Anforderung eine Grundidee zu entwickeln und dabei sofort drei alternative (leicht veränderte) Vorschläge zu generieren und blitzschnell aufzubereiten.

Und vor allem entstand mein persönliches tägliches Motivations-Motto, welches man heute vermutlich Resilienz-Mantra nennen würde. Damals nannte ich es immer „Ein neuer Tag". Immer wenn ich morgens ins Projektbüro kam oder in die Hotellobby oder jemanden traf, strahlte ich ihn mit einem gedachten „Ein neuer Tag" an.

Die Botschaft von „Ein neuer Tag" war (und ist!) immer ganz einfach:

* Jeder Tag ist neu und bietet neue Optionen und Chancen.
* Chancen zu scheitern, Optionen etwas besser zu machen, es einfach neu zu probieren.
* Gestern ist vergangen und damit liegt auch jedes Lob, Ärger, Versagen oder auch Nicht-Erledigtes ein Stück weiter hinter uns.
* Heute starten wir neu. In einen frischen Tag mit neuer Energie.

2. Welche Themen lösen in meinem Unternehmer-Alltag bei mir Stress aus?
Auch wenn man denkt, dass die sekundengenauen Abläufe von Shows und das Gefühl immer an alles denken zu müssen, meine Stressfaktoren Nummer eins sind, so sind es doch andere Dinge, die mich in Stress bringen. Im Prinzip kann ich es auf zwei Themen reduzieren, die bei mir in meinem Unternehmer-Alltag immer wieder Stress auslösen:

Erstens, wenn ich in Situationen arbeite, wo es offenkundig ein Kommunikations-Missverständnis zwischen Kunde und Agentur gibt. Wenn also zwei Parteien einfach aneinander vorbei reden und sich dadurch einfach nicht verstehen.

In den selten guten Fällen, entsteht dann bei der jeweils anderen Partei ein Gefühl des Unverstandenseins und manchmal kriegt man das noch halbwegs gut aufgelöst.

Leider ist es öfters der Fall, dass bei der jeweils anderen Partei eher ein Gefühl von „die wollen mich nicht verstehen" oder schlimmer noch „die machen nicht was ich will/brauche/beauftragt habe …". Die Hauptaufgabe dabei ist es für mich als Projekt-Coach, die Parteien an einen Tisch zu bekommen und klärende Gespräche zu moderieren.

Die andere Situation, die mir in meinem Alltag viel Energie abverlangt und dabei Stress verursacht, ist das „Überdramatisieren von Problemen" oder auch „Herausforderungen". Sei es durch Mitarbeiter, Kunden oder Lieferanten. Natürlich sind für jeden seinen aktuellen ungelösten Themen immer die wichtigsten und auch die, die sich am schlimmsten anfühlen. Das gestehe ich jedem auch gerne zu. Dennoch ist nicht jedes Problem von der Güte eines Vulkanausbruchs oder einer Überschwemmung. Dieses dann demjenigen, der das Problem hat (oder sieht), zu vermitteln ist mitunter eine beachtliche Herausforderung.

Ich stelle dazu gerne Fragen, auch provozierende (sofern möglich), um sowohl zum Nachdenken anzuregen, als auch um die Panik zu reduzieren. Auch wenn es etwas „komisch" oder auch „makaber" klingen mag, so stelle ich gerne die Frage: „Wird jemand sterben?"

Das Ziel dabei ist, den jeweils anderen auf den Boden zurückzuholen, das Problem in einen anderen Kontext zu setzen, Abstand zu gewinnen und vielleicht auch zu einem nachdenklichen Schmunzeln anzuregen. Doch Vorsicht: Nicht jeder versteht den leicht ironischen Unterton hierbei…

Alternativ und etwas weniger provozierend sind die Fragen nach den Konsequenzen, wenn das Problem nicht oder nicht gut gelöst wird: „Was wird schlimmstenfalls passieren?" – „Was bedeutet dies dann konkret in der Konsequenz?"

Aber ich gebe gerne zu, am liebsten würde ich immer fragen: „Wird jemand sterben?"

3. Was ist mein persönlicher „Anti-Stress-Tipp"?

Neben einem Ausgleich mit meiner Familie, einem entspannten Leben im Norden, Jazz, Wein und einem guten Buch, habe ich im Prinzip meine beiden persönlichen Favoriten eben schon genannt:

In schwierigen Projektphasen und intensiven Arbeitswochen mache ich mir jeden Tag aufs Neue bewusst, dass jeder Tag voll neuer Optionen und Chancen steckt, im Guten wie im Schlechten. Das Motto „Ein neuer Tag" begleitet mich bewusst zu Beginn des Arbeitstages und dabei auch mein Umfeld, in dem ich den Satz „Ein neuer Tag" auch bewusst ausspreche und bei meinen Mitstreitern platziere.

Und wann immer es enge und schwierige Projektsituation mit Herausforderungen gibt, versuche ich auf Abstand zu gehen, die Situationen aus einer Art Distanz zu betrachten und mich dann zu fragen: „Was kann schlimmstenfalls geschehen?", „Was bedeutet dies und wie geht es mir mit dem Ergebnis?" und manchmal eben auch „Wird jemand sterben?"

3.8   Felix Plötz, Unternehmer, Autor und Keynote-Speaker

Felix Plötz, geboren 1983, ist Diplom-Wirtschaftsinge-nieur (TU), Unternehmer, Autor dreier Bestseller und Keynote-Speaker. Sein erstes Buch wurde 2013 ein Über-raschungserfolg und Bestseller zum Thema Motivation auf Amazon. 2014 folgte der durch Crowdfunding finanzierte Business-Bestseller „Palmen in Castrop-Rauxel". Sein aktuelles Buch „Das 4-Stunden-Startup" erschien Anfang 2016 und gehört bereits jetzt zu den meistverkauften Wirtschaftsbüchern Deutschlands.

Seine Karriere begann Felix Plötz ganz klassisch: 2008 schloss er sein Studium des Wirtschaftsingenieurwesens unter den Top 10 % seines Jahrgangs ab. Nach dem Ein-stieg als Trainee in einem internationalen Elektrotechnik-Konzern wurde er zunächst Vertriebsingenieur und kurz darauf Area Sales Manager mit Verantwortung für sieben Länder und 30 Mio. € Umsatz.

Noch während seiner Festanstellung gründete er 2011 sein erstes Unternehmen, das caruising® Spritspartraining, welches er 2015 an den ADAC verkaufte.

2015 gründete er das Verlags-Start-up „Plötz & Betz-holz" als Deutschlands ersten Social- Influencer-Verlag. Dahinter steht ein neues Geschäftsmodell, das mit der Wildcard der Frankfurter Buchmesse ausgezeichnet wurde. Nur 10 Monate nach Gründung wurde „Plötz & Betz-holz" im Februar 2016 von der Ullstein Verlagsgruppe übernommen.

www.felixploetz.com

1. Was war mein stressigstes Projekt oder Erlebnis?
Über diese Frage habe ich tatsächlich lange nachgedacht, aber für mich keine eindeutige Antwort gefunden. Natürlich hatte und habe ich immer wieder stressige Momente, Phasen oder Projekte und das Leben und das „Unternehmersein" an sich sind natürlich auf eine gewisse Art und Weise immer etwas stressig.

Das _eine_ herausragende „Leuchtturm-Stress-Projekt" hatte ich bis heute jedoch glücklicherweise nicht oder ich habe zumindest keines so wahrgenommen.

2. Welche Themen lösen in meinem Unternehmer-Alltag bei mir Stress aus?
Obwohl ich ein gut organisierter und strukturierter Mensch bin, komme ich immer dann in Stress, wenn sich die Dinge plötzlich „überschlagen" und zu viele Themen oder Projekte parallel anliegen. Seit der Übernahme unseres Verlages Plötz & Betzholz durch die Ullstein Verlagsgruppe, geht es wirklich täglich Schlag auf Schlag. Wir haben eine Reihe von parallelen Buchprojekten mit sogenannten Social Influencern in der Pipeline; zusätzlich entwickeln wir gerade innovative Lizenzmodelle mit großen Unternehmen und Institutionen.

Mit der Techniker Krankenkasse haben wir z. B. ein Anti-Mobbing-Buch für Schüler an über fünftausend Schulen kostenlos verteilen können, mit der Hautpflegemarke „bebe" haben wir eine Art modernes Poesiealbum für heranwachsende Mädchen konzipiert und umgesetzt, welches nicht nur im Buchhandel, sondern zusätzlich im Drogerie- und Kosmetik-Einzelhandel vertrieben wird. Dazu kommt noch eine stetig wachsende Zahl an

Vortragsanfragen, mit teilweise mehreren Tausend Menschen im Publikum… All diese Projekte sind spannend und machen eine Menge Spaß, erfordern jedoch großes persönliches und zeitliches Engagement.

Da ich an mich selbst und an alle die Dinge, die ich mache, einen sehr hohen Qualitätsanspruch habe, bleibt es nicht aus, dass ich hier gelegentlich in Stress gerate, wenn die Projekte zu viel werden.

3. Was ist mein persönlicher „Anti-Stress-Tipp"?

Mein persönlicher „Anti-Stress-Tipp": Nehmen Sie <u>kurze aber regelmäßige</u> Auszeiten!

Viele Selbstständige entkommen ihrem täglichen Hamsterrad vor allem deshalb nicht, weil sie alle Auszeit- oder Entspannungsvorhaben zu groß planen und immer wieder in die Zukunft verlagern. „Erst muss ich noch dieses und jenes, und wenn das fertig ist, dann kommt noch das, aber dann mach ich mal einen Tag lang nichts …" Dieser eine Tag kommt nur nie, weil immer wieder neue Aufgaben und dringende Dinge, die erledigt werden müssen, dazwischen kommen. Stress und Frust sind damit irgendwann vorprogrammiert.

Von daher empfehle ich Ihnen, lieber kleinere und kürzere Auszeiten zu nehmen, diese dafür aber regelmäßig und vor allem auch spontan. Der ganze Tag oder das lange Wochenende irgendwann in der Zukunft, sind gerade für Selbstständige eben auch deutlich schwieriger umzusetzen, als die verlängerte Mittagspause oder der frühere Feierabend, weil gerade heute die Sonne scheint.

Versuchen Sie sensibel dafür zu sein, solche Möglichkeiten zu erkennen und dann auch spontan wahrzunehmen.

Sie werden merken, dass Ihnen diese kleinen Momente sofort neue Energie und wertvolle Impulse für Ihren unternehmerischen Alltag geben.

3.9 Elena Böcker, Gründerin und Inhaberin der Agentur Traufräulein

Traufräulein ist eine Agentur für Hochzeitsplanung, Hochzeitsworkshops und freie Trauung und wurde im Jahr 2016 von Elena Böcker in Remscheid gegründet.

Bei einer freien Trauung können sich Paare, egal welchen Geschlechts und welcher Religion sie angehören, das Ja-Wort geben. Ähnlich wie bei der kirchlichen Trauung muss auch bei der freien Trauung die offizielle Eheschließung durch einen Standesbeamten vollzogen werden. Wer sich jedoch im Anschluss an das Standesamt eine feierliche Zeremonie außerhalb der Kirche wünscht, für den ist die freie Trauung eine tolle Alternative.

Schwerpunkt des Traufräuleins ist die Gestaltung dieser individuellen Trauzeremonien an den Wunschorten der Brautpaare. Als freie Rednerin hält Elena Böcker die Traureden selbst und übernimmt auf Wunsch auch die Organisation der gesamten Hochzeit im Vorfeld und vor Ort.

www.traufraeulein.de

Was war mein stressigstes Projekt oder Erlebnis?
Das stressigste Projekt beziehungsweise eigentlich die größte Herausforderung war die Gründungsphase selbst.

Mein ursprünglicher Plan war es, zunächst einmal in Ruhe alle benötigten Unterlagen für die Brautpaare zu erstellen, Verträge für die verschiedenen Leistungen mit einem Anwalt auszuarbeiten, ein Netzwerk an Leistungspartnern aufzubauen und mich intensiv mit dem Hochzeitsmarkt in meiner Region zu beschäftigen. Vieles davon hatte ich auch bereits während der Erstellung meines Business-Plans angestoßen, aber eben noch nicht finalisiert.

Durch ein gezieltes Marketing und bestimmt auch eine Portion Glück habe ich jedoch schon sehr früh nach Eröffnung der Agentur viele Anfragen für die Hochzeitssaison erhalten, womit ich so zunächst nicht gerechnet hätte. So mussten die oben genannten Punkte sehr zeitnah erfolgen, da ich bereits erste Aufträge erhalten hatte und die Brautpaare nach Angebotserstellung und einem ersten Kennenlernen eben mit genau diesen Verträgen inklusive fertigen AGBs, Zahlungsbedingungen, Rechnungen, weiteren Vorgehensweisen und natürlich mit einer guten Beratung versorgen musste.

So lief der Aufbau der Agentur parallel zu den ersten Aufträgen.

Diese zusätzlichen Termine waren während der Gründungsphase teilweise sehr schwierig mit dem eigenen Familienleben in Einklang zu bringen. Als Mutter eines Sohnes, der in der Gründungsphase gerade mal ein Jahr alt war, galt es das eigene Zeitmanagement neu zu überarbeiten.

Das Durchstarten von null auf hundert mit den anfallenden Aufgaben, Verantwortungen und einer kleinen Familie war eine sehr große aber auch tolle Herausforderung.

**Welche Themen lösen in meinem Unternehmer-Alltag
bei mir Stress aus?**

Andere Hochzeitsdienstleister, die von Grund auf eine
negative Einstellung Hochzeitsplanern gegenüber haben
und diesen Beruf als „überflüssig" ansehen. Es kommt
immer wieder vor, dass Dienstleister den Brautpaaren von
einer Zusammenarbeit mit Hochzeitsplanern und freien
Traurednern abraten, mit der Begründung, dass die Organisation ohne hohen Aufwand selbst zu bewältigen sei und
eine Traurede auch kostengünstig durch einen Familienan-
gehörigen abgehalten werden könne.

Neben einer hohen Anzahl an Vorgesprächen und Treffen mit den Brautpaaren selbst kommen hier auch noch
weitere regelmäßige Treffen mit verschiedensten Leistungspartnern hinzu, denen man die eigene Arbeit und
auch die Vorteile der eigenen Agentur nahebringen muss
und natürlich auch möchte. Ein gutes Netzwerk und das
gegenseitige Wertschätzen der Arbeit des anderen sind
unheimlich wichtig für eine erfolgreiche Zusammenarbeit.

Diese zusätzlichen Termine, die ebenfalls häufig in den
Abendstunden liegen, sind natürlich auch wieder mit dem
eigenen Familienleben schwierig unter einen Hut zu bringen. Besonders während der Hochzeitshochphase, in der
ohnehin viele Trauungen und Termine auch an Wochenenden anstehen, wird viel Nervenstärke gefordert, wenn
man sich zwischenzeitlich immer wieder mit neuen Leistungspartnern arrangieren muss, die die eigene Arbeit auf
den ersten Blick nicht zu schätzen wissen oder verstehen.

Die „Rechtfertigung" für die eigene Tätigkeit, die im
Übrigen auch von Freunden und Verwandten in der

Start-up-Phase teilweise unterschätzt wurde, löst im Alltag durchaus Stress aus.

Was ist mein persönlicher „Anti-Stress-Tipp"?

Ein geordneter Arbeitsablauf und definierte Ziele sind für mich das A und O.

Ich arbeite noch mit klassischen To-do-Listen und diese schreibe ich mit einem Stift auf einen Block, um mir eine gute Übersicht zu verschaffen. Besonders wenn eine Reihe neuer Aufgaben aus unterschiedlichen Bereichen anfallen finde ich es unheimlich hilfreich, erst einmal alle Aufgaben und Probleme zu definieren, aufzuschreiben und mit Prioritäten zu versehen.

Die Liste sollte so aufgebaut sein, dass auch schnell zu erledigende Aufgaben am Anfang stehen, um kurzerhand erste Erfolge in der Abarbeitung zu erzielen. Neben den Prioritäten ist auch eine Mischung aus Aufgaben, die man gerne und weniger gerne macht wichtig, um die Motivation zu steigern.

Wenn die Liste dann steht, wird sie Schritt für Schritt abgearbeitet und natürlich abgehakt sobald eine Aufgabe erledigt ist. Das ist ganz wichtig für das gute Gefühl. Die Liste wird immer am Anfang einer Woche geschrieben und täglich bei neu anfallenden Aufgaben ergänzt.

Außerdem gibt es definierte Tage in der Woche, an denen ich mich um immer wieder anfallende Aufgaben, wie das Überprüfen von Rechnungseingängen, Ablage etc., kümmere.

Und zum Familienleben: Auch hier haben wir gemeinsam Tage definiert, an denen ich keine Abendtermine annehme. Dies gilt im Übrigen auch für eine gewisse

Anzahl an Wochenenden im Jahr, an denen ich keine Trauungen annehme.

Immer einen klaren Überblick über alle Aufgaben zu haben, gibt mir ein sicheres Gefühl und hilft mir ungemein, stressige Situationen gut geordnet zu bewältigen.

3.10 Colja M. Dams, Geschäftsführender Gesellschafter der VOK DAMS Agentur für Events- und Live-Marketing

VOK DAMS ist eine der international führenden und mit einem Umsatz von über 50 Mio. € eine der umsatzstärksten Agenturen für Events- und Live-Marketing.

1971 gegründet, beschäftigt das Unternehmen heute über 200 Mitarbeiter in den sechs deutschen Niederlassungen und neun internationalen Offices, u. a. in den USA, China und Dubai. Mit über 100 Awards belegt VOK DAMS seit Jahren zudem regelmäßig Spitzenplätze im Kreativranking.

Nach dem Auf- und Ausbau der Agentur durch den Unternehmensgründer und Namensgeber Vok Dams, verantwortet seit 1998 Colja M. Dams die Aktivitäten der Gruppe. Der an der Universität Witten/Herdecke graduierte Diplom-Ökonom erkannte frühzeitig die Bedeutung der Internationalisierung der Branche sowie die Bedeutung der Nähe zu seinen Kunden und setzte daher auf vernetzte Strategien. Mit innovativen Ansätzen setzt er nicht

nur neue Maßstäbe bei Events und Live-Marketing sondern trägt maßgeblich dazu bei, der Agentur seit Jahren
einen Spitzenplatz zu sichern.

www.vokdams.de

1. Was war mein stressigstes Projekt oder Erlebnis?

Eigentlich begann es wie Tagesgeschäft. Ein Automobilkonzern beauftragte VOK DAMS mit der Produkteinführung
eines neuen Supersportwagens. Die Aufgabe war die Vorstellung des neuen Fahrzeuges für fast 1000 Journalisten.

Die Marke war besonders spannend: Automobili Lamborghini. Wir wählten konzeptbedingt als Destination
Sizilien. Auf einer Fläche direkt vor der Kulisse des mächtigsten Vulkan Europas, des Ätnas, begannen wir aufzubauen. Soweit so normal. Was wir jedoch nicht ahnten
war, dass der Ätna wenige Tage vor der Veranstaltung ausbrach.

Während wir oben auf dem Ätna unsere Bühnen und
Technik aufbauten, verließen die Einwohner die Gegend.
Auch alle eingebundenen Vulkanologen konnten oder
wollten keine Aussage machen, wie umfangreich der Vulkanausbruch werden würde. Die Gäste waren eingeladen.
Verschieben war keine Option. Aus Sicherheitsgründen
haben wir die Veranstaltung parallel noch ein zweites Mal
aufgebaut – diesmal am Sitz von Automobili Lamborghini
in Sant'Agata Bolognese auf dem Italienischen Festland.

Erst wenige Stunden vor Anreise der Gäste haben wir
entschieden, die Gäste doch nach Sizilien einzufliegen
– es war zu verlockend den neuen Supersportwagen vor
einem ausbrechenden Vulkan zu präsentieren. Wir hatten
bereits einige Tage und Nächte durchgearbeitet und die

Herausforderungen rissen nicht ab: Ascheregen, unklare
behördliche Genehmigungen, gecancelte Flüge für Team
und Gäste, das Mobilfunknetz war zusammengebrochen ...

Die Belastungsgrenze für das Team war bereits über-
schritten. Die Veranstaltung war am Ende ein großer
Erfolg – die Journalisten waren begeistert. Titelseiten auf
allen wesentlichen Magazinen weltweit zeigten unsere Veranstaltung. Noch über zehn Jahre später wird die Veranstaltung immer wieder als Beispiel herangezogen.

Das Durchhalten hatte sich gelohnt, der Erfolg ließ die
Mühen und den Stress fast vergessen.

**2. Welche Themen lösen in meinem Unternehmer-All-
tag bei mir Stress aus?**
Einerseits: Im Einzelfall, wenn z. B. der Druck intern,
Controlling bedingt und zeitgleich auf Kunden- und
Lieferantenseite zunimmt. Meist verbunden mit dem
Umgang mit herausfordernden Persönlichkeiten und
Spannungsfeldern, die sich nicht einseitig auflösen lassen.

Diese Situationen treten zwar häufiger auf – sind dann
aber nur von temporärer Dauer.

Andererseits: Man hat sein Team aufgestellt, die Stra-
tegie geht auf und die Erfolge sind da. Dann kommt ein
unvorhersehbarer externer Einflussfaktor, der zum direkten Handeln zwingt. Sei es die Wirtschaftskrise in 2009,
Ausfall von Teammitgliedern, Diesel-Skandal ...

Diese Stresssituationen sind besonders herausfordernd,
da meist alle Beteiligten der Meinung sind: „Läuft doch –
warum möchtest Du etwas ändern?" Entscheidungen
haben hier weitreichende Folgen. Der einfache Weg wäre
es, keine Entscheidung zu treffen.

3. Was ist mein persönlicher „Anti-Stress-Tipp"?

Drei Dinge: Vermeiden, Vermindern und Kompensieren.

Vermeiden – Negativen Stress möglichst gar nicht entstehen lassen.

Klare Ziele. Konkrete Absprachen. Transparentes Vorgehen. Wenig Raum für Interpretationen geben. Absprachen möglichst direkt schriftlich fixieren. In schwierigen Situationen den „Elefanten im Raum" direkt und offen ansprechen.

Vermindern – Wenn eine stressige Situation sich nicht vermeiden ließ, diese versuchen abzuschwächen.

Genau hinterfragen, wo das eigene Stressgefühl gerade herkommt. Der Ursache auf den Grund gehen und sie bedingungslos hinterfragen. Ich lasse mich hier extern coachen. Externes Coaching ist sehr hilfreich. Ein guter Coach hilft bei der aktiven Selbstreflexion und der eigenen Lösungsfindung.

Kompensieren – Alternativen zum Stress im Alltag leben

Aktive Auszeiten. Mit der Familie Zeit verbringen, ohne Facebook, E-Mail und Telefonkonferenzen. Wochenenden und Urlaube fest einplanen und sich daran halten. Auch Kunden haben dafür Verständnis!

Sich Zeit nehmen für sich selbst. Sei es beim Sport oder bei der Wahl einer landschaftlich schönen Route. Mein Highlight: linksrheinisch mit dem Zug von Frankfurt nach Köln. Dauert zwar eine Stunde länger – aber der Ausblick entschleunigt ungemein.

Rituale pflegen. Ich bin immer auf der Suche nach dem besten Espresso einer Stadt. Egal ob Beijing, Berlin, New York oder Wuppertal – überall finde ich den besten Espresso der Stadt und genieße ihn.

Nachwort

Es war immer mein Wunsch, einmal ein eigenes Buch zu schreiben und zu veröffentlichen. Diesen Wunsch oder auch Traum habe ich mir nun erfüllen können und das Ergebnis haben Sie (hoffentlich) bis hierhin auch durchgelesen ;-)

Ich würde mich freuen, wenn Sie den ein oder anderen Impuls oder Ansatz hilfreich für Ihre eigene Selbstständigkeit fanden oder etwas aus diesem Buch mitnehmen konnten. Auch wenn ich viele negative und eben stressige Aspekte einer Selbstständigkeit thematisiert habe, so bleibt die Selbstständigkeit für mich doch der schönste „Beruf", den es gibt und ich würde ihn auch heute jederzeit wieder ergreifen. Sicherlich würde ich mit meiner Erfahrung und meinem Wissen von heute einige Dinge anders machen oder entscheiden, aber ich würde mich immer wieder für

© Springer Fachmedien Wiesbaden GmbH 2017
M. Schettler, *Der Anti-Stress-Trainer für Selbstständige*,
DOI 10.1007/978-3-658-17068-4

eine Selbstständigkeit entscheiden. Die Möglichkeiten, Chancen und Optionen überwiegen für mich alle Strapazen und Herausforderungen, die eine Selbstständigkeit mit sich bringt.

Einige wichtige Menschen haben mich in meinem Leben und meiner Selbstständigkeit begleitet und unterstützt und mir auch bei der Erstellung dieses Buchs hilfreich zur Seite gestanden.

Diesen Menschen möchte ich ganz herzlich danken:

Peter Buchenau und dem Team vom Verlag Springer Gabler für die Möglichkeit, Teil der Anti-Stress-Trainer Reihe werden zu können. Allen Unternehmern, die Ihre Ein- und Ansichten in diesem Buch mit mir und mit Ihnen geteilt haben. Insbesondere Colja M. Dams für 35 Jahre Freundschaft und für das zusätzliche sehr persönliche Vorwort. Miike Keppler, ohne dessen intensive und fundierte Coachingausbildung ich vielleicht nie an diesen Punkt gekommen wäre, ein Buch zu schreiben. Peter Recksieck, meinem ersten Coach, mit dem ich heute noch zusammenarbeite und mit dessen Hilfe ich zu der Erkenntnis gelangt bin, das ich noch etwas anders kann als „Event". Frank Kemper und Jens Heinrich, die nicht nur fantastische Sparringspartner für berufliches und privates, sondern auch seit Jahren „ziemlich beste Freunde" sind. Monika Bock für die Freundschaft und Unterstützung in einigen schwierigen Phasen. Martina Lauterjung danke ich für die Illustrationen zu diesem Buch.

Zu guter Letzt danke ich natürlich meiner Frau und meinen Kindern, die mir für die Arbeit an diesem Buch den Rücken freigehalten haben und das, obwohl die gemeinsame Familienzeit eigentlich schon knapp genug ist.

DANKE!

Marcel Schettler

www.schettler-coaching.de

www.facebook.com/schettler-coaching

Über den Initiator der Anti-Stress-Trainer- Reihe

Peter Buchenau gilt als der Indianer in der deutschen Redner-, Berater- und Coaching-Szene. Selbst ehemaliger Top-Manager in französischen, Schweizer und US-amerikanischen Konzernen kennt er die Erfolgsfaktoren bei Führungsthemen bestens. Er versteht es, wie kaum ein anderer, auf sein Gegenüber einzugehen, zu analysieren, zu verstehen und zu fühlen. Er liest Fährten, entdeckt Wege und Zugänge und bringt Zuhörer und Klienten auf den richtigen Weg.

Peter Buchenau ist Ihr Gefährte, er begleitet Sie bei der Umsetzung Ihres Weges, damit Sie Spuren hinterlassen – Spuren, an die man sich noch lange erinnern wird. Der mehrfach ausgezeichnete Chefsache-Ratgeber und Geradeausdenker (denn der effizienteste Weg zwischen 2 Punkten ist immer noch eine Gerade) ist ein Mann von der Praxis für die Praxis, gibt Tipps vom Profi für Profis. Heute ist er auf der einen Seite Vollblutunternehmer und Geschäftsführer, auf der anderen Seite Sparringspartner, Mentor, Autor, Kabarettist und Dozent an Hochschulen. In seinen Büchern, Coachings und Vorträgen verblüfft er die Teilnehmer mit seinen einfachen und schnell nachvollziehbaren Praxisbeispielen. Er versteht es vorbildhaft und effizient ernste und kritische Sachverhalte so unterhaltsam und kabarettistisch zu präsentieren, dass die emotionalen Highlights und Pointen zum Erlebnis werden.

Stress ist laut der W.H.O. die gefährlichste Krankheit des

21. Jahrhunderts (Quelle: http://
www.handelsblatt.com/karriere/
nachrichten/volkskrankheit-
stress-und-kein-ende/2788788.
html). Stress wirkt aber von
Mensch zu Mensch und somit
auch von Berufsgruppe zu
Berufsgruppe verschieden.
Die von Peter Buchenau initi-
ierte Anti-Stress-Trainer-Reihe
beschreibt wichtige berufsgrup-
penspezifische Stressfaktoren
und mögliche Lösungsansätze.
Zu der Reihe lädt er ausschließlich Experten aus der jeweiligen
Berufsgruppe als Autor ein, die
sich dem Thema Stress angenom-
men haben. Als Zielgruppe sind
hier Kleinunternehmer, Vorgesetzte und Inhaber in mittelständischen Unternehmungen sowie
Führungskräfte in öffentlichen
Verwaltungen und Konzernen
angesprochen.

Mehr zu Peter Buchenau unter
www.peterbuchenau.de

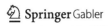

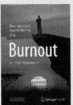

Printed in the United States
By Bookmasters